Rafforziamoci con la Natura

ACCADEMIA AINAO

www.accademiainao.it

I Tecnici AINAO che hanno collaborato a costruire questo testo
- Barichella Lara
- Carillo Linda
- Foresti Omar
- Galli Samuel
- Machalska-Isacchi Ewa
- Manara Francesca
- Minauro Valentina
- Leusciatti Monica
- Palermo Rachel

si possono trovare con il loro riferimenti e contatti sul
Registro Tecnico AINAO:
www.accademiainao.it/registro-tecnici-ainao-dbn-discipline-bio-naturali.

SOMMARIO

in ordine alfabetico

PREFAZIONE

di Gamberoni Stefania e Pavani Giuseppe

Dopo questi due anni e mezzo di pandemia, qualcosa in tutti noi è cambiato. Sicuramente ci siamo riscoperti più fragili, impauriti, spiazzati e arrabbiati... ciascuno è stato toccato in modo personale, professionale oppure nella propria visione della vita.

Questo periodo ci ha colti all'improvviso, riuscendo ad andare a sfiorare una parte importante della nostra esistenza legata alla paura della morte e della solitudine per alcuni e all'incertezza di non riuscire ad andare avanti per altri. Proprio in seguito a questi anni, come scuola abbiamo deciso di compiere una "spinta in avanti" in positivo con grinta e di creare quindi questo piccolo libretto dedicato alle Difese Immunitarie con un gruppo di nostri naturopati professionisti molto motivati e che si sono "messi al servizio" con impegno. In particolare ci siamo rivolti verso ciò che il nostro settore può mettere a disposizione nel campo della prevenzione, della vitalità e dello stile di vita; ciò è fondamentale in quanto il compito di chi si occupa di DBN è quello dell'educazione a uno stile di vita sano, equilibrato e felice!

Ogni naturopata ha dato il suo contributo in modo del tutto personale e seguendo la propria esperienza; ciascuno scritto rispecchia infatti anche il carattere di chi lo ha composto e per questo motivo abbiamo cercato di mantenerlo inalterato.

Il nostro contributo come **Accademia AINAO** è quindi autentico e non banale, sulla via della Natura e del Benessere e alla portata di chiunque.

Ci auguriamo che questa lettura creata per tutti e di tutti possa essere utile a molti nello spirito delle discipline naturali con semplicità e professionalità!

"Non è importante aggiungere anni alla vita, ma vita agli anni" Rita Levi Montalcini

Gavirate VA, 2022

Nota: DBN abbreviazione di Discipline Bio Naturali
.

IL BOSCO CHE RIGENERA E RINFORZA

A cura di Lara Barichella

UNA BAMBINA SELVAGGIA

Ho sempre amato andare per boschi.

Ho avuto il privilegio di crescere su una collina con una splendida vista sul Lago Maggiore, circondata dagli alberi, con i loro mormorii e i loro sussurri, dai campi incolti, costellati di fiori profumati e dalla terra coltivata, colma di verdure e frutti dei quali, fin da piccola, ho imparato ad avere cura.

Posso affermare con fierezza di essere stata una bambina selvaggia, con le ginocchia sempre sbucciate, le mani nella terra e i fiori appuntati tra i capelli; uno spirito libero che non perdeva mai l'occasione di fuggire nei boschi che, allora inconsapevolmente, mi donavano l'energia per costruire rifugi sugli alberi più antichi, combattere contro draghi e fare amicizia con le fate.

Ho avuto la fortuna di nascere con una grande immaginazione che mi portava in mondi ai quali ad altri, forse, era negato l'accesso.

Non è facile esprimere la gratitudine verso mia nonna che con la forza di una quercia propria della sua generazione, mi teneva tra le braccia, ancora troppo piccola per camminare per lunghi tratti e mi portava pazientemente alla scoperta della tana del tasso che abitava sul lato della collina; a febbraio andavamo a salutare l'inverno e a dare il benvenuto alla primavera nel bosco,

GALANTHUS NIVALIS
BUCANEVE

dove i primi timidi bucaneve spuntavano tra le foglie cadute in autunno e che, con la loro delicata forza, avrebbero di lì a poco trasformato il paesaggio in una magica coperta di neve. E' strano come alcuni ricordi dell'infanzia rimangano impressi nella memoria ed altri no ma oggi, a distanza di quasi trent'anni, posso ancora percepire l'eccitazione delle avventure alla tana del tasso e il delicato profumo dei bucaneve; sensazioni che mi riportano ancora tra quegli alberi, mentre stringo la mano di mia nonna.

Sapevo istintivamente che quei luoghi, lontani dal caos e dalla vita frenetica, facevano bene al mio corpo e alla mia mente anche se non avrei saputo dire il perché. Crescendo, alle prime delusioni e ai primi dispiaceri mi ritrovavo a fuggire per isolarmi nel luogo che era divenuto il mio piccolo angolo di pace, protetto dal vento e sempre un po' più caldo rispetto alla strada che vi conduceva, con il lago che luccicava in lontananza e custodito da alberi di robinia, erba verde smeraldo e fiori colorati; nella passeggiata di ritorno sentivo che un po' della tristezza che mi aveva accompagnata all'andata era svanita.

L'universo ha posto sul mio cammino persone che hanno saputo illuminarmi e insegnarmi arti senza tempo, che fanno parte di noi da sempre ma alle quali, purtroppo, a causa della vita frenetica a cui mi ero abituata, non riuscivo più a dedicare totalmente la mia attenzione.

IL PUNTO DI ROTTURA

Nel 2020 ci siamo ritrovati tutti a dover combattere contro un nemico invisibile e sconosciuto, che attaccava senza essere visto e poteva nascondersi ovunque. Da un giorno all'altro siamo stati costretti a chiuderci in casa e la vita, come la conoscevamo, sembrava esserci stata rubata all'improvviso.

E' stato allora che, per me e mia figlia Aurora, ebbe inizio l'avventura alla ricerca di un nuovo equilibrio, di una via per evadere dalla routine, fatta di giornate tutte uguali, senza la possibilità di incontrare nessuno, chiusi tra mura che un tempo ci davano sicurezza ma che sembravano divenire sempre più strette e avere l'aspetto di una prigione, ma soprattutto, di un modo per ritrovare il benessere psicofisico che non era più facile mantenere e, di conseguenza, rafforzare le difese immunitarie, così preziose nella lotta contro il nuovo nemico invisibile.

Iniziammo ad andare per boschi…

Le giornate frenetiche che conoscevamo non esistevano più. Il tempo non era più un nemico: ne avevamo in abbondanza e potevamo, in un certo senso, prenderci gioco di esso e fingere che non esistesse. Ogni giorno, mano nella mano, dimenticando i vestiti buoni nell'armadio e senza la preoccupazione che i capelli fossero in ordine, andavamo a fare il nostro bagno nella foresta, senza la paura di poter essere giudicate dagli alberi e con il solo scopo di gustare a fondo l'attimo.

IL BAGNO NELLA FORESTA

"Mamma, perché andiamo sempre nel bosco?" mi chiede Aurora durante una delle nostre prime passeggiate. Ho sempre cercato di spiegarle anche le cose più complicate con un linguaggio a lei accessibile e così le ho parlato del fatto che nel bosco possiamo smettere di pensare alle cose che ci preoccupano perché c'è talmente tanta bellezza intorno a noi che dobbiamo solo dedicarci ad osservare e ad ascoltare. Siamo circondati dagli stessi elementi di cui siamo fatti anche noi e dai quali dipendiamo per le esigenze primarie. Questi elementi sono collegati alle stagioni, ai nostri organi e ai nostri sentimenti e noi saremo connessi alla natura per tutta la vita.

Per i bambini non è difficile percepire questo profondo legame con la natura ed è stupefacente osservare il rispetto con il quale si approcciano ad essa, sentendosi parte di essa. Una delle mie più grandi soddisfazioni da madre è vedere Aurora preferire una passeggiata nel bosco allo stare passiva davanti ad uno schermo. A cinque anni è già una praticante dell'arte dello shinrin-yoku.

Il termine shinrin-yoku non ha una vera e propria traduzione ma può essere definito come un'esperienza attraverso la quale ricevere benefici dall'atmosfera della foresta. Viene più comunemente definito "bagno nella foresta".

Si diffonde in Giappone negli anni Ottanta ma arti analoghe, seppur ognuna con le proprie peculiarità, si trovano anche in Corea, dove si pratica lo sanlimyok, in Cina, con la terapia della natura definita senlìnyù, in California, con lo tree hugging e in Occidente, dove si parla di "ecoterapia" ma non credo di esagerare affermando che, seppur a livello inconscio, l'essere umano, fin dai tempi più antichi, ha sempre trovato beneficio nel contatto con l'ambiente che ci circonda.

Il principio alla base dello shinrin-yoku è davvero molto semplice ed alla portata di tutti: camminare in un bosco o in un parco dimenticandosi dell'orologio, lasciandosi guidare solo dai colori e dagli odori della natura, dedicandosi solo a sé stessi in totale armonia con ciò che ci circonda.LA

NATURA COME MEDICINA

Nel 2005 lo scrittore e attivista americano Richard Louv, nel suo libro "L'ultimo bambino nei boschi", parla di nature deficit disorder o sindrome da mancanza di natura. Louv mette in guardia dai rischi che l'uomo corre allontanandosi dalla natura, soprattutto durante l'infanzia e, da centinaia di interviste da lui condotte su genitori e bambini americani, si evidenzia un aumento di casi di disturbo da deficit di attenzione e iperattività, obesità infantile, ritardi nello sviluppo delle facoltà motorie e cognitive con conseguenti disturbi legati allo stress e alla depressione.

Svariati studi scientifici hanno cercato di mettere in relazione natura e condizione fisiche. Il professor Qing Li, della Nippon Medical School di Tokyo, ha scoperto che la terapia forestale aumenta l'attività dei linfociti NK, le cellule "natural killer", che fanno parte dell'immunità innata e difendono l'organismo da attacchi esterni, riconoscono e uccidono le cellule tumorali e sono coinvolte nei fenomeni dell'autoimmunità. Nel 2009, uno studio del professor Li ha evidenziato che nella settimana successiva alla visita in un bosco, i soggetti da lui esaminati mostravano un aumento significativo delle cellule NK e che gli effetti positivi perduravano nel tempo. Una sola giornata trascorsa nel bosco fa aumentare, in media, di circa il 40% le cellule NK e il livello rimane superiore al normale per circa una settimana. La durata si estende a circa un mese se si trascorrono 2 o 3 giorni immersi nella natura.

Le indagini condotte dall'università di Chiba, in Giappone e dal Netherlands Institute for Health Services Research hanno portato alla conclusione che immergersi nella natura fa diminuire i livelli di cortisolo nel sangue, la pressione arteriosa e la frequenza cardiaca e che la quantità di verde presente nel nostro ambiente è correlata al nostro senso del benessere.

I responsabili di questi effetti benefici sembrano essere i fitocidi che compongono gli oli essenziali legnosi e i terpeni, molecole lipidiche che costituiscono le resine degli alberi e vengono utilizzate anche nei rimedi erboristici.

COME FUORI, COSI' DENTRO

"Senza la natura neanche esisteremmo" afferma Annette Lavrijsen nel suo libro Shinrin Yoku. Secondo la Medicina Tradizionale Cinese, l'essere umano è considerato un microcosmo nel macrocosmo e tutto ciò che osserviamo al di fuori di noi può essere ritrovato anche dentro di noi.

Tutto ciò che esiste è stato creato dall'interazione tra l'energia Yin, la forza femminile di espansione e l'energia Yang, quella maschile e di contrazione; da questa interazione si generarono le cinque fasi, o cinque elementi con i quali ci interfacciamo continuamente attraverso la natura e che possiamo ritrovare dentro di noi.

I cinque elementi, legno, fuoco, terra, metallo ed acqua, sono connessi alle stagioni, alle emozioni, ai meridiani energetici che attraversano il nostro corpo, ai sapori ed ai colori e la natura, per ogni periodo dell'anno, ci fornisce tutto ciò di cui abbiamo bisogno per mantenere l'equilibrio psicofisico ideale. Semplicemente passeggiando nel bosco è possibile imbattersi in erbe e frutti, fiori, colori e profumi che il nostro corpo necessita proprio in quella stagione ed è importante trasmettere anche ai bambini l'importanza di saper riconoscere tali ricchezze e farne buon uso. Attraverso semplici attività, che variano in base al periodo dell'anno, possiamo stimolare la loro e la nostra curiosità al fine di entrare in contatto con la natura e giovare del benessere che può trasmettere.

PRIMAVERA

Le nostre avventure nei boschi hanno inizio proprio in primavera, la stagione associata alla semina e alla nascita. Il colore verde brillante delle gemme che si trasformano in foglie e dell'erba che si rinnova inizia a dipingere ogni luogo e ci permette di sintonizzarci con la vibrazione di questa stagione. Aurora, grazie alla sensibilità innata propria della sua età, si rende conto della forza della rinascita molto prima di me e mi chiede "Gli alberi sono vivi? Sembravano secchi ma ora hanno le foglie". Mi rendo conto di averla stupita dal luccichio di meraviglia che noto nei suoi occhi quando le rispondo se ha voglia di ascoltare il cuore di un albero, così da poter capire da sola quanta vita scorra in esso. Armate di un rotolo di carta da cucina, ci mettiamo alla ricerca di un fusto giovane, dalla corteccia liscia e sottile e troviamo una betulla che fa al caso nostro. Appoggiamo un capo del rotolo alla corteccia e l'altro all'orecchio; la invito a chiudere gli occhi. Passano solo pochi minuti prima che Aurora, entusiasta, urli "L'albero suona! Sta fischiando!" Le spiego che quello che sente è la linfa che la pianta assorbe dal terreno tramite le radici e che sale fino alle fronde, per arrivare in tutte le foglie e portare nutrimento, proprio come il sangue scorre nei nostri vasi sanguigni e porta sostanze nutritive a tutti i nostri organi e come i meridiani energetici portano energia in tutto il nostro corpo. Capisco di essere riuscita a trasmetterle qualcosa quando mi interrompe dicendo "Silenzio mamma, voglio ascoltare ancora lo spirito che fa vivere l'albero".

Da quando abbiamo scoperto che anche gli alberi sono vivi, non perdiamo mai l'occasione di abbracciarne qualcuno, di sentire la corteccia ruvida contro il viso e di misurare con le braccia quanto alcuni possano essere grandi e saggi, altri piccoli e ancora delicati, ma con il potenziale di arrivare a sfiorare le nuvole.

Abbiamo imparato che gli alberi, in ogni stagione, hanno doni diversi da offrire. In primavera il nostro corpo predilige il sapore acido e sono molte le erbe che hanno questo gusto.

Nonostante Aurora non ami assaggiare, ho notato con stupore quanto apprezzi la Rumex Acetosa, la cosiddetta "erba cucca", dalle proprietà depurative e digestive.

Un trucco per indurre i bambini ad assaggiare un cibo è far sì che lo colgano e lo cucinino con le proprie mani e, durante le nostre escursioni, spesso ci capita di portare un cestino per "fare la spesa nel bosco". In primavera, prepariamo lo sciroppo di fiori d'acacia, la crostata di fragoline di bosco, il risotto con le ortiche più tenere e, quando il cuculo inizia a cantare, sappiamo che è il momento per andare alla ricerca dell'insalata del cucù, il tarassaco, ideale per depurarsi e amato dai bambini per i suoi soffioni.

Oltre alle piante ed ai fiori, anche gli animali e gli insetti si risvegliano; al mattino, gli uccellini ci danno il buongiorno con il loro dolce canto che ci accompagna poi durante tutte le nostre passeggiate; le farfalle e le api volano sui giacinti e sui narcisi appena fioriti e, per aiutarle nel loro importante lavoro di impollinazione, abbiamo creato per loro una casa in un pezzo di legno sul

9

quale abbiamo praticato tanti fori ed appeso al nostro ciliegio, verso sud.

In una serata particolarmente calda, sul finire della primavera, stendiamo una coperta al limitare del bosco, dove si apre un grande prato dall'erba alta e, mentre tendiamo

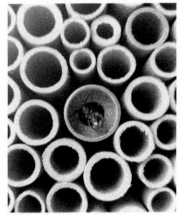

non tanto l'orecchio quanto l'anima per ascoltare i tanti piccoli suoni dei quali la sera è punteggiata, ha inizio la magia. Tante piccole luci illuminano ad intermittenza il campo davanti a noi. "Mamma, si sono svegliate le fate!" esclama Aurora incredula. Ed è come se con loro si risvegliassero anche i nostri sensi, rimasti sopiti durante l'inverno e destati grazie alla primavera che abbiamo osservato, ascoltato, toccato, odorato ed assaggiato e che ha posto le basi al rafforzamento del nostro sistema immunitario.

ESTATE

Il solstizio d'estate, il 21 giugno, cade nel giorno piùlungo dell'anno, quando la natura giunge al massimo splendore e noi, per renderle omaggio, la sera del 23 giugno, prepariamo l'acqua di san Giovanni. Secondo la tradizione, si crede che durante la notte cada la rugiada degli Dei, capace di influenzare piante e fiori donando loro una particolare forza.

L'acqua magica, utilizzata la mattina del 24 giugno

Per lavare mani e viso, dovrebbe portare fortuna, amore e salute. Aurora è tanto felice per il nostro piccolo rituale quando preoccupata "Non facciamo male ai fiori se li strappiamo?" La sensibilità dei bambini, ancora una volta, mi lascia stupefatta e le spiego che la natura va sempre rispettata e che raccoglieremo solo pochi fiori, prestando attenzione a non estirpare la pianta alla radice.

Seguendo solo l'istinto, ci mettiamo alla ricerca di fiori di malva, salvia, rose, lavanda e tutto ciò che cattura la nostra attenzione, sfruttando l'occasione per conoscere i nomi delle piante, toccarle e sentirne i profumi. Dopo il tramonto, poniamo la bacinella d'acqua con le erbe in giardino e attendiamo che, durante la notte, avvenga la magia. Sono certa che il rito ha funzionato quando noto l'emozione negli occhi di

mia figlia mentre, ancora in pigiama e a piedi nudi sull'erba, piena di aspettative si lava le mani e il viso con quell'acqua profumatissima.

CHELIDONIUM MAJUS
CELIDONIA

Abbiamo imparato che con i fiori si può giocare e, oltre al soffione del tarassaco che abbiamo conosciuto in primavera, in questa stagione fa capolino la fata delle erbe, la Celidonia che, con il suo lattice giallo, permette di disegnare anche su mani e viso, "Così possiamo diventare indiani" come dice Aurora. Gli antichi le attribuivano numerose virtù e si diceva che posta sulla testa di un ammalato, farebbe piangere colui che sta per morire e cantare colui che sta per guarire. Fin da piccola mi hanno insegnato che può essere una preziosa alleata contro eczemi e verruche grazie alle sue proprietà antimicotiche.

Un'altra occasione per mantenere attivo il nostro sistema immunitario ci viene data dai tanti microrganismi presenti nel terreno: il nostro corpo ha bisogno di recepire che non tutti i batteri sono cattivi e diventare così più tollerante e forte. "Hai voglia di sentire il sapore della terra?" chiedo ad Aurora che, con un'espressione disgustata, mi fa cenno di no con la testa. Le spiego che dobbiamo solo usare l'immaginazione e prendo tra le mani della terra dai piedi di un tronco d'albero bucato, dove sembra che gli gnomi abbiano costruito l'ingresso nel loro regno. Passo la terra tra le mani e non mi preoccupo che finisca sotto le unghie e che mi sporchi i palmi, piuttosto la esamino da vicino e percepisco l'umidità ed il fresco che trasmette. Dopo un attimo di esitazione la bambina fa lo stesso e la invito a portarla vicino al viso e ad annusarla, poi facciamo lo stesso ma con la bocca aperta: usando l'immaginazione è proprio come se ne sentissimo il sapore.

Per affinare il senso del tatto ed immergerci ancora di più nella natura, abbiamo imparato anche ad utilizzare i piedi. Tolte le scarpe, spesso camminiamo sull'erba, sul muschio e nel torrente godendo delle diverse sensazioni che i differenti tipi di terreno ci trasmettono. I fiumi di montagna sono i nostri preferiti: le pietre massaggiano la pianta dei piedi stimolando punti importanti per la Medicina Tradizionale Cinese e l'acqua gelida favorisce la circolazione del sangue in tutto il corpo. Anche una passeggiata sotto la pioggia regala emozioni totalmente diverse rispetto ad una giornata di sole. "Aurora, gioca con me: immaginiamo che la pioggia lavi via tutti i pensieri brutti e le preoccupazioni!" Probabilmente è un esercizio più utile a me che a lei perché un secondo dopo salta con entrambi i piedini in una pozzanghera sporcandosi fino al viso: "Adesso la pioggia dovrà lavare via anche il fango!

TARDA ESTATE

Per la Medicina Tradizionale Cinese esiste una stagione in più rispetto alle quattro alle quali siamo abituati in Occidente. La tarda estate è la fase di passaggio dal caldo torrido dell'estate al fresco dell'autunno; è forse più facile da percepire che da spiegare e la sua presenza si fa sentire quando, nonostante

il clima sia ancora caldo, l'aria è un po' più frizzante; quando i frutteti abbondano di mele e di pere e i contadini iniziano la raccolta. Io la percepisco come una fase di transizione e di riflessione su ciò che è appena stato, la massima espansione estiva, il trionfo della natura e della vita e su ciò che verrà, il periodo del riposo, del recupero delle forze. E' questo il momento ideale per rafforzare il sistema immunitario, il cui corretto funzionamento è collegato ai meridiani di Milza e Stomaco, associati proprio a questa stagione.

Il bosco in questo periodo dona frutti dolcissimi come more e mirtilli e ogni anno in montagna, a fine agosto, la nostra sfida è di incamminarci in un sentiero ripido che porta ad un paese, raggiungibile solo a piedi, circondato da centinaia di cespugli di mirtilli. Una volta raggiunta la meta, il nostro premio sono i frutti che sembrano ancora più dolci di quello che potrebbero apparire solitamente. Le conifere che crescono in quella zona e ci accompagnano lungo il sentiero, ci deliziano con i loro oli essenziali legnosi. Spiego ad Aurora che grazie a questo profumo, le piante possono allontanare i predatori, come ad esempio i parassiti e, allo stesso tempo, attrarre gli impollinatori e comunicare tra di loro. Sempre attenta e memore di aver ascoltato il cuore di un albero mi risponde "Sì, perché le piante sono vive!"

Una volta scese dal sentiero, un grande prato attraversato da un fiume ci invita a sdraiarci per recuperare le forze. L'erba verde ci solletica il viso e il calore che la terra ha immagazzinato durante il giorno ci scalda la schiena. Nel cielo ci sono tante piccole nuvole bianche e soffici e mi rendo conto che Aurora è molto più brava di me a trovare in esse unicorni, castelli e aquiloni. Si arrabbia quando fatico a vedere ciò che vedono i suoi occhi: abituata a cercare il razionale in ogni dove, mi dimentico di liberare la mente e, semplicemente, osservare proprio come un bambino è in grado di fare. Ancora una volta, è lei a darmi un insegnamento: "Smettila di chiedermi dove è l'unicorno! Guarda e basta, è proprio davanti ai tuoi occhi!"

AUTUNNO

Insieme alla primavera, l'autunno è la stagione che ci permette di osservare quanto sia viva la natura e di quanti cambiamenti sia capace. E' istruttivo e piacevole osservare i colori che lentamente passano dal verde, al giallo all'arancione per poi scomparire quando la foglia abbandona l'albero per depositarsi sul terreno e, alla fine del suo ciclo vitale, dona vita ad altri minuscoli esseri viventi. L'autunno aiuta ad interiorizzare al meglio il

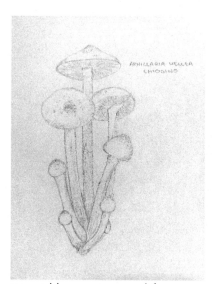

concetto scientifico di Antoine-Laurent Lavoisier: "Nulla si crea, nulla si distrugge, tutto si trasforma"; il nostro corpo e tutto ciò che lo circonda segue questa regola in un elegante danza di cui l'universo è al tempo stesso coreografo e ballerino.

Prima del riposo invernale, gli alberi donano i loro ultimi frutti, come noci, nocciole e castagne; doni che ci attirano ancora una volta nel bosco che con i suoi colori autunnali appare così diverso rispetto alle stagioni precedenti.

Durante queste passeggiate è difficile resistere alla tentazione di fotografare ogni albero rosso che si incontra e la sensazione è quella di trovarsi in un museo a cielo aperto e camminare in un'opera d'arte. Quando il terreno è ricoperto quasi interamente dalle foglie e la tentazione di correre in mezzo ad esse è irrefrenabile, andiamo alla ricerca di quelli che Aurora chiama i "chiodi

Grazie agli insegnamenti del nonno, ha imparato a riconoscere l'Armillaria

13

Mellea, comunemente chiamata Chiodino e a raccoglierla solo in presenza di un adulto.

L'autunno è l'occasione ideale per maneggiare diversi tipi di foglie che si trovano a terra senza dover danneggiare le piante strappandole dai rami. "Ricordi quando abbiamo ascoltato il cuore dell'albero? Ora possiamo disegnare la pelle delle foglie." Spiego ad Aurora e immediatamente catturo la sua attenzione. Raccogliamo tanti tipi di foglie diverse e, una volta a casa, poniamo quelle che più ci piacciono sotto ad un foglio bianco; con i colori a cera strofiniamo tutta la superficie sotto la quale è stata posta la foglia e, come d'incanto, lentamente, ogni piccolo dettaglio della sua superficie inizia ad imprimersi sul foglio. Questa tecnica è detta frottage e, insieme ad altri materiali raccolti nel bosco come rametti, pigne e ghiande, può dar vita a quadri naturali dei quali Aurora va particolarmente fiera; quando li osserva, appesi alle pareti della sua cameretta, dice che il bosco le tiene compagnia anche mentre è a casa.

INVERNO

In Medicina Tradizionale Cinese l'inverno è associato al declino ed alla morte come preparazione ad una rinascita e ciò è particolarmente osservabile in natura: gli alberi, come l'occhio attento di Aurora aveva notato, sembrano morti ma sono in realtà addormentati, in attesa della primavera in cui esplodere di nuova vita. Il senso dell'inverno è rallentare e nel bosco aleggia un'atmosfera di immobile attesa che ci ricorda come le cose visibili passano, quelle invisibili, la vera anima della natura, è invece eterna e sempre presente, anche se nascosta.

Come accade ad alcuni animali, anche il nostro corpo entra in una sorta di "letargo" ed è questa la stagione in cui è più difficile trovare la voglia di andare a passeggiare. Lo stesso freddo che ci spinge a riscaldarci di fronte al camino acceso, ci dà la possibilità di osservare l'acqua nei suoi differenti stati: la brina gelata che rende bianco il prato, il ghiaccio che ricopre la superficie del laghetto e che intrappola i rami e le foglioline.

Abbiamo scoperto che il bosco in inverno è più silenzioso e offre la

possibilità di affinare i nostri sensi ed esplorare attraverso l'udito: chiudendo gli occhi è possibile concentrarsi sui suoni e cercare di capire cosa li ha prodotti.

La neve è per i bambini un'occasione di gioia e magia e, oltre ai più classici giochi, una forma di meditazione e di contatto più profondo con la natura è data dall'osservazione dei fiocchi di neve: è importante notare come ogni fiocco sia diverso dall'altro, con una sua particolare geometria ed un suo disegno unico e perfetto.

In una rara giornata di neve abbiamo scoperto delle strane orme nel prato, lo stesso luogo incantato che si popola di lucciole in tarda primavera. E' difficile descrivere l'entusiasmo di Aurora quando, dopo un attimo di silenzio, abbiamo scorto in lontananza due cervi nascosti tra gli alberi. "Chissà che freddo avranno. Dobbiamo portargli almeno da mangiare!" E' stato il suo primo pensiero, preoccupata. Mi lascio facilmente coinvolgere dalla sua sensibilità e dalla sua purezza d'animo e, nonostante le mani ghiacciate ed il naso e le guance arrossate, quando siamo tornate a casa la sera, dopo aver lasciato abbondante fieno nel prato, ero soddisfatta quanto mia figlia per l'opera appena compiuta. Il cambiamento avviene cominciando da un piccolo passo e credo che in quella fredda giornata invernale un seme abbia cominciato a germogliare nel mio animo.

VEDERE CON GLI OCCHI DI UN BAMBINO

Tutti noi abbiamo a disposizione la saggezza benefica della natura, un dono dal quale attingere gratuitamente, semplicemente passeggiando in mezzo agli alberi ed ai campi con la sola regola di dimenticare l'orologio e dedicare del tempo solamente a noi stessi. I benefici che derivano da questa forma di meditazione dinamica sono sperimentabili da chiunque, bambini ed adulti.

Ognuno può facilmente trovare un modo tutto suo per stare a contatto con la natura; che sia una fine settimana in campeggio nel bosco, una breve passeggiata in un parco, la coltivazione dell'orto. L'importante è dare la possibilità al nostro corpo di essere "curato" nel modo più semplice di tutti: il contatto con la nostra Madre Terra.

La vita frenetica a cui siamo abituati ci ha indotto a dimenticare il nostro indissolubile legame con l'ambiente che ci circonda e di cui facciamo parte; abbiamo accantonato la nostra parte istintiva, quella che ci indurrebbe ad accarezzare i petali di un fiore, ad abbracciare un albero o ad immergerci in un fiume di montagna e tendiamo costantemente a razionalizzare qualsiasi gesto.

Dal canto mio, posso affermare con orgoglio che questa avventura mi ha aiutato a ritornare bambina, a lasciarmi guidare dall'istinto, dalla parte più selvaggia di me perché è solo cercando lo spirito di un bucaneve, la ninfa che si nasconde dietro ad una foglia, ascoltando il sussurro di una silfide che ci è concesso entrare in contatto con la parte più intima del bosco e che è capace di catturare totalmente la nostra attenzione, curandoci.

Questo è quanto ho imparato, che già conoscevo e che dovevo solo riscoprire e fare affiorare. Tornando bambina grazie alla mia maestra, mia figlia.

Bibliografia

"Shinrin Yoku: Ritrovare il benessere con l'arte giapponese del bagno nella foresta" Annette Lavrijsen
"Shinrin-Yoku. Immergersi nei boschi" Qing Li
"Shinrin-Yoku. L'immersione nei boschi" Selene Calloni Williams

Disegni e fotografie

Lara Barichella e Massimiliano Bi

L'APPROCCIO PSICO-EMOZIONALE ATTRAVERSO I FIORI DI BACH

A cura di Carillo Linda, Naturopata e

Ingegnere Chimico

- Introduzione: concetto olistico di salute
- Benessere e prevenzione
- I fiori come valido strumento
- Cos'è e come funziona la floriterapia
- Esempi e applicazioni transpersonali sull'utilizzo dei fiori di Bach per il sistema immunitario
- La miscela personalizzata e il ruolo del naturopata/floriterapeuta

"La salute è la completa e armonica unione di anima, mente e corpo"
Dr. Edward Bach

IL CONCETTO OLISTICO DI SALUTE

C ome ci insegna l'approccio olistico, lo stato di salute e vitalità è collegato non solo alla chimica e biochimica meccanicistica della fisiologia del nostro corpo. Studi ed esperienza ci insegnano e ricordano l'importanza di tutta quella sfera di campi d'influenza che riguarda gli aspetti mentali (attitudine, convinzioni, credenze, creatività, etc), gli aspetti emozionali (intesi come intelligenza e resilienza emotiva, ovvero la nostra capacità di gestire le emozioni), gli aspetti spirituali (come gestiamo il contatto con il nostro sé più profondo, con le domande esistenziali, come approcciamo e conviviamo con il 'mistero' ovvero l'inconoscibile). Il nostro stato di benessere dipende dal buon equilibrio tra tutti questi aspetti.

Per quanto il sistema immunitario possa, a un occhio superficiale, riguardare apparentemente solo la sfera fisica del nostro corpo, alcuni studi hanno dimostrato che ghiandole e aree del cervello quali l'ipotalamo, l'ipofisi (o ghiandola pituitaria) e il sistema limbico sono collegate fra loro, con un ruolo determinante nelle risposte somatiche e autonome agli stimoli emotivi E' stato inoltre dimostrato che l'ipotalamo è legato alle risposte immunitarie, a conferma che mente-emozioni-corpo sono tra loro collegati ed influenzano il sistema immunitario (E' stato osservato che sia la sua eccitazione che inibizione provocano mutamenti alla reattività immunologica e, viceversa, un'attivazione della risposta immunitaria provoca a sua volta cambiamenti misurabili all'interno dell'ipotalamo). In questo capitolo esploreremo le interazioni e le influenze delle sfere psico-emozionali, approfondendo in particolare l'utilizzo della floriterapia di Bach come prezioso e valido supporto anche al nostro sistema di difesa.

BENESSERE E PREVENZIONE

La prevenzione consiste nell'individuare lo squilibrio prima che questo si manifesti attraverso somatizzazioni e disturbi. Una volta identificato il problema, si ripristinerà l'equilibrio tramite l'approccio che, caso per caso, si rivelerà più indicato.

Ancora prima della prevenzione, ovvero prima ancora che si crei uno squilibrio potenzialmente dannoso, è possibile agire incrementando il proprio stato di salute, benessere e vitalità, portando consapevolezza e lavorando di conseguenza: si potrà così intervenire attraverso ciò che ci fa stare bene, creando un circolo virtuoso di buone abitudini. Infatti, così come possiamo descrivere innumerevoli livelli di malessere, con un po' di pratica sarà possibile descrivere anche innumerevoli livelli di benessere. L'aspetto affascinante è che, così come le cattive abitudini (alimentari, di vita, etc.) possono spostarci verso progressivi stati di disagio, è altrettanto valido che le buone

abitudini possono spostarci su progressivi stati di benessere. Individuare e rafforzare il nostro benessere richiede ascolto di sé, onestà, disponibilità e apertura al cambiamento attraverso azioni effettuate con consapevolezza.

I FIORI COME VALIDO STRUMENTO

L'utilizzo delle essenze floreali, in combinazione con un percorso supportato da un operatore olistico specializzato, può facilitare grandemente l'ascolto di sé.

Nella mia esperienza l'assunzione dei rimedi floreali, anche quando utilizzati con approccio transpersonale, ovvero come supporto di sollievo al sintomo, ha sempre e comunque un effetto sulla consapevolezza psico-emozionale.

Durante l'assunzione del rimedio floreale più adatto, il soggetto riferisce comunemente che la dinamica psico-emozionale responsabile del disagio emerge in maniera molto più chiara ed evidente. Il soggetto, pur percependo l'intensità emotiva, riesce comunque a mantenere almeno in parte il cosiddetto distacco dell'osservatore. Ciò stimola la comprensione e la consapevolezza, portando quindi ad una diversa percezione. Di conseguenza, l'osservazione senza giudizio facilita il cambiamento e la trasformazione, attraverso scelte comportamentali differenti verso il benessere, la vitalità e la soddisfazione personale.

COS'È E COME FUNZIONA LA FLORITERAPIA

All'inizio degli anni Trenta, il medico inglese Edward Bach partì dal presupposto che la malattia non fosse altro che la manifestazione corporea di uno squilibrio a livello emozionale, dedicandosi quindi alla ricerca di un metodo di cura che potesse risalire alla causa reale del problema e riarmonizzare il conflitto interiore. Bach scoprì e divulgò le proprietà curative di 38 piante silvestri, oggi note come Rimedi Floreali di Bach, capaci di agire su altrettanti stati d'animo dannosi.

Da allora, altre persone appassionate e affascinate dall'efficacia e dalla semplicità del metodo hanno sviluppato e approfondito la floriterapia, creando altri repertori floreali, come per esempio quelli californiani, australiani, himalayani e molti altri ancora, basati sull'osservazione e la sperimentazione di piante e fiori di altre aree geografiche.

In questo contesto ci focalizzeremo sulle essenze originali del dottor Bach, punto di partenza di ogni approccio floriterapico.

Le essenze floriterapiche vengono definite rimedi "vibrazionali" poiché si basano sulle caratteristiche energetiche e informazionali della pianta specifica con cui l'essenza viene preparata. Tali caratteristiche, della singola pianta o della miscela sinergica di più essenze, vengono trasmesse all'individuo che le assume come uno stimolo verso il riequilibrio e il ripristino del proprio stato armonico.

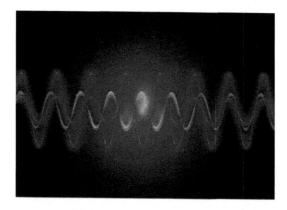

In maniera simile a quando riaccordiamo uno strumento, i fiori funzionano come tanti diapason quante sono le essenze e le loro possibili combinazioni. Compito del floriterapeuta è quello di individuare la specifica composizione della miscela, così da fornire la frequenza specifica in base alle necessità dell'individuo in quella specifica situazione disarmonica.

I fiori di Bach offrono uno stimolo verso il cambiamento. Aiutano l'individuo ad accrescere la propria forza e consapevolezza interiore. L'utilizzo dei fiori di Bach permette di arrivare a conoscersi nel profondo.

I fiori di Bach agiscono principalmente sulle paure, sulle insicurezze e sulle preoccupazioni personali, promuovendo il ritorno a una condizione iniziale di equilibrio interiore. Il loro compito è quello di far emergere autostima e coraggio nel soggetto che li usa, aiutandolo così a "vedere" e affrontare più serenamente le sfide che la vita propone ogni giorno.

Per il dottor Bach, la prima via essenziale per vivere felici e in salute era quella dell'Amore e della Passione, che tengono vivi sia la mente che il corpo. Continui impulsi spronano quest'ultimo a vivere per uno scopo, stimolando quindi il potere innato di autoguarigione che ognuno possiede.

La seconda via possibile per vivere a lungo consisteva, secondo Bach, nel rafforzamento del sistema immunitario. Osservando i propri pazienti, lui stesso aveva notato che a parità di patologia, le persone presentavano sintomi diversi. A parità di esposizione, qualcuno manifestava la malattia e qualche altro no. A fare la differenza era il sistema immunitario.

Tra i tanti modi utili per dare una spinta positiva al proprio sistema immunitario, i fiori di Bach possono rappresentare un valido supporto anche sotto questo aspetto. Promuovendo sostanziali e graduali cambiamenti, il loro effetto ci farà sentire diversi: più sereni, più attivi, più disponibili alla vita. Questo avrà un beneficio anche sul nostro apparato fisico: il sistema immunitario non dovrà più attivarsi dinnanzi a reazioni interne infiammatorie procurate da stress, cattivi pensieri, insoddisfazione, negatività e mancanza di vitalità.

ESEMPI E APPLICAZIONI TRANSPERSONALI SULL'UTILIZZO DEI FIORI DI BACH PER IL SISTEMA IMMUNITARIO

Come già si intuisce leggendo attentamente alcuni scritti del dottor Bach, e grazie al contributo di ulteriori studi, come quelli del dottor Orozco, è stato possibile arrivare all'applicazione della floriterapia anche con un approccio transpersonale e locale, ovvero lasciandoci guidare dal "sintomo", inteso come la voce con cui il corpo comunica una situazione di disagio e squilibrio.

Qui di seguito alcuni esempi di rimedi per applicazioni transpersonali collegate al rafforzamento del sistema immunitario. I migliori risultati si ottengono comunque ascoltando ogni aspetto della situazione, non solo la voce dello specifico sintomo fisico, e creando una miscela specifica personalizzata, che includa anche fiori in apparenza non direttamente collegati al sistema immunitario, ma che per quello specifico caso possono contribuire, per risonanza, a ripristinare un sano ed armonico equilibrio psico-fisico.

Da sempre, si sa, chi dorme poco rischia un indebolimento del sistema immunitario. E se dormissimo poco per via dei nostri pensieri? In questo caso, un fiore semplice come

White Chestnut potrebbe aiutarci a riposare contrastando il disco rotto che continua a girarci nella testa. Ritornando a dormire tranquilli (lasciando i pensieri a momenti più lucidi e opportuni), il sistema immunitario ne beneficerà all'istante

Per chi si dedica eccessivamente agli altri, trascurando se stesso, la propria salute e i propri bisogni, accollandosi pesi maggiori di quelli che è in grado di portare, **Centaury** può aiutare a riportare l'attenzione verso il proprio mondo interiore.

Per chi ha sofferto fisicamente o moralmente e si sente esaurito e stanco, per chi fatica ad affrontare la vita di tutti i giorni e ha bisogno di un sostegno, **Olive** è il rimedio che aiuta a riattivare la propria energia fisica ed emotiva.

Crab Apple, nel suo aspetto di rimedio di pulizia, è particolarmente indicato nei cambi di stagione, per depurarsi da scorie e tossine in senso fisico ed emotivo. Magari abbinato a **Walnut** o a **Honeysuckle** per favorire l'adattamento ai cambiamenti.

Per chi ha la mente focalizzata su eccessive paure personali, quali per esempio le malattie, **Mimulus** può essere di sicuro giovamento.

Quando lo stress per le incertezze del futuro raggiunge livelli eccessivi, che possono andare a intaccare il sistema immunitario, **Wild Oat** può aiutare a ridimensionare la situazione nel qui e ora, ripristinando la fiducia nel futuro.

La capacità di cadere facilmente vittima di virus e batteri dipende dalle nostre difese immunitarie e dalla nostra capacità di gestire i cambiamenti e le influenze esterne ed interne.

Clematis è il fiore adatto per le persone facilmente influenzabili, distratte fino all'incuria di sé, con la tendenza a disperdere energia e fuggire dalla realtà.

Honeysuckle serve a chi è malinconico e rimpiange il passato, a chi è come cristallizzato e senza capacità di adattamento. Questa condizione rende infatti vulnerabili alle influenze esterne, impedendo di accettare il cambiamento e di tenere il ritmo con il mondo circostante.

Per chi esaurisce tutte le difese ed energie in nome del senso di abnegazione, manifestando spesso influenze, lombaggini e artrite, **Oak** è il rimedio che permette di concedersi il meritato riposo.

Per chi è influenzabile dagli stimoli esterni, specie quelli stagionali, e chi si trova in uno stato negativo, manifestando problemi fisici legati agli sbalzi di temperatura e alle malattie contagiose, **Walnut** rafforza nei periodi di cambiamento.

LA MISCELA PERSONALIZZATA E IL RUOLO DEL NATUROPATA/FLORITERAPEUTA

I rimedi e gli approcci naturali per rinforzare il sistema immunitario sono molteplici.

Nella visione olistica, corpo, mente, emozioni e spirito sono collegati e interdipendenti tra loro, sfaccettature diverse dell'essere umano, in cui l'intero è indiscutibilmente più grande e magnifico della semplice somma delle parti.

Compito del naturopata è quello di aiutare chi si rivolge a lui a individuare il canale di accesso preferenziale, per quella specifica persona e in quella specifica circostanza della vita, favorendo e stimolando la naturale capacità di autoguarigione e di ripristino del proprio equilibrio interiore.

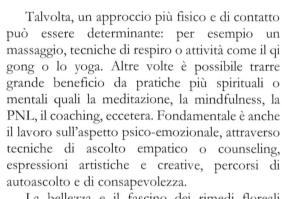

Talvolta, un approccio più fisico e di contatto può essere determinante: per esempio un massaggio, tecniche di respiro o attività come il qi gong o lo yoga. Altre volte è possibile trarre grande beneficio da pratiche più spirituali o mentali quali la meditazione, la mindfulness, la PNL, il coaching, eccetera. Fondamentale è anche il lavoro sull'aspetto psico-emozionale, attraverso tecniche di ascolto empatico o counseling, espressioni artistiche e creative, percorsi di autoascolto e di consapevolezza.

La bellezza e il fascino dei rimedi floreali stanno nella loro semplicità e versatilità. Questi possono essere utilizzati con ottimi risultati da soli o anche in affiancamento a qualsiasi altro percorso, fornendo supporto e creando sinergie (come per esempio nella teoria di Kramer sull'utilizzo della floriterapia in combinazione con la reflessologia).

Il naturopata/floriterapeuta si avvale della sua esperienza, dei suoi studi sulla floriterapia, della sua sensibilità all'ascolto e del suo intuito per identificare la miscela personalizzata sullo specifico caso. Personalmente, ottengo ottimi risultati lavorando sia sulla parte conscia che l'individuo ha del proprio disagio, attraverso un colloquio e domande specifiche, sia sulla parte inconscia, che vado ad attivare utilizzando tecniche energetiche e di meditazione. In seguito, invito il soggetto a 'scegliere' alcune essenze per affinità vibrazionale. Dopo questo esercizio, fornisco alla persona le informazioni sul significato dei fiori che ha scelto, ottenendo generalmente

un feedback di meraviglia e stupore, accompagnato da frasi tipo: 'Calza a pennello!' 'In effetti avevo dimenticato di dirti che...' oppure 'Quel fiore risponde perfettamente a quell'aspetto che avevo trascurato di menzionare e completa il quadro della situazione'.

In conclusione, con il supporto della floriterapia possiamo sostenere le nostre difese in maniera olistica. Ciò significa rafforzare la capacità di protezione (sia attivando le risorse interne che chiedendo aiuto) e la fiducia di riuscire ad affrontare le inevitabili sfide che la vita ci offre, percependole come opportunità di crescita personale, di consapevolezza e di azione responsabile verso una vita sana e appagante.

RINGRAZIAMENTI

Ringrazio la scuola di Naturopatia AINAO ed in particolare Giuseppe Pavani e Stefania Gamberoni per il tanto che ho imparato da loro e continuo ad imparare, non solo di tecniche olistiche ma anche di approccio alla vita e di fiducia in me stessa, nei miei sogni, nelle mie capacità. Un ringraziamento speciale a Cristiana Zenoni ed a Barbara Colosio floriterapeute e maestre di vita meravigliose che mi hanno dato la possibilità di andare in profondità nell'ascolto e comprensione dei fiori di Bach, che mi hanno dato fiducia e spronato nelle mie capacità di usare questo strumento meraviglioso anche nella mia professione di naturopata.

Per le foto, ove non scattate da me stessa, si ringrazia il sito Pixabay ed internet per le immagini free domain.

BIBLIOGRAFIA:

- Edward Bach: *Le opere complete.* MacroEdizioni
- *Ricardo Orozco:* Fiori di Bach. Principio transpersonale e applicazioni locali. Territori tipologici. *Centro benessere psicofisico.*
- Ricardo Orozco, Carmen Hernandez Rosety: *Fiori di Bach - Strumenti e Strategie Terapeutiche.* Centro benessere psicofisico.
- *Cristiana Zenoni:* Manuale di floriterapia. Repertori e analisi differenziale dei principali sistemi floreali. *Edizioni Enea*
- *Cristiana Zenoni:* Attacchi di panico. Curarli con le essenze floreali. *Urra edizioni.*
- Cristiana Zenon: appunti e dispense dei corsi d floriterapia base, per donne, per ansia e atticchi di panico
- Catia Trevisani: *Fiori di Bach e naturopatia.* Enea Edizioni
- Barbara Colosio: appunti e dispense del corso di approfondimento sui fiori di Bach
- Fabio Nocentini, Maria Laura Peruzzi: *Fiori di Bach il manuale completo.* Demetra Edizioni
- *Rossella Peretto:* Fiori di bach per la mamma e il bambino. *Xenia edizioni*
- Beatrice Castelli: *Crescere con i fiori di Bach.* Il Leone verde
- Barbara Gulminelli: *I fiori di Bach per tutti.* Tecniche nuove
- Barbara Gulminelli: *Fiabe e Fiori di Bach.* Tecniche nuove
- Anita Chiesa: *Fiori di Bach per i nostri bambini.* Centro benessere psicofisico
- Irene Wyle, Fiorella Conti: *Fiori di Bach e aromaterapia.* MK Libri
- *Jordi Canellas:* Fiori di Bach, guida completa al potere terapeutico. *Red edizioni*
- Paola Mazzetti: *E tu che fiore sei?.* Terra Nuova edizioni
- *Fiori di Bach:* Fiori Di Bach, Topografia delle zone cutanee secondo Kramer. *Gdl Edizioni*

Dal web:

- https://www.macrolibrarsi.it/speciali/i-fiori-di-bach-sostengono-il-sistema-immunitario.php#come-funziona-il-sistema-immunitario
- https://www.scienzaeconoscenza.it/blog/chiedi-al-naturopata/fiori-di-bach-sistema-immunitario
- https://www.floriterapia-psicodinamica.it/articoli-e-conferenze/la-mente-e-il-sistema-immunitario/
- https://www.floriterapia-psicodinamica.it/articoli-e-

conferenze/fiori-di-bach-patologie-autoimmuni/
- https://ladamadeifiori.wordpress.com/stile-di-vita-sano/sistema-immunitario/
- https://www.medibio.it/medicina-biologica/2013/137/1030/pdf/MB0102B_art_3.pdf
- https://www.floriterapia.org/PDF/FLORITERAPIA%20TRANSPERSONALE-TN.pdf

GREEN ENERGY LA VERA FORZA DELLA NATURA

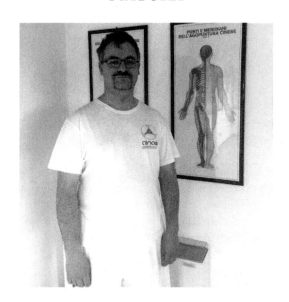

A cura di Foresti Omar

Non ho scelto di diventare un naturopata: dico sempre che è stata la curiosità a guidarmi su questa direzione ma la verità è che ho percepito una sorta di richiamo. Perché da sola, a volte, la curiosità non basta, se non si accende quella scintilla che può essere l'entusiasmo, animato da quelle emozioni che riportano al se stesso di un tempo, quando si era bambini. Dopotutto vivendo in un paese campagnolo a due passi da un bosco, con un padre che ha la passione dell'orto, così come quella delle erbe dei campi a scopo alimentare in primavera e, ancor di più, quella dei funghi in tarda estate e autunno, la mia vita è stata in qualche modo sempre legata alla natura. Per molte persone è facile confondere il naturopata con un erborista. Ciò non è completamente sbagliato ma non è nemmeno esatto. È altresì semplice avere a che fare con un erborista con una buona conoscenza in campo olistico come con un naturopata con una profonda conoscenza in fatto di erboristeria.

Per alcuni altri il naturopata è quella persona che come il medico di un tempo, ti suggerisce di mantenere una postura corretta mentre cammini o fai la fila alla posta, che ti dice di mangiare lentamente masticando bene, bere molta acqua ed evitare bibite gassate e chewing-gum, praticare attività fisica, preferire l'uso delle spezie a quello del sale e così via.

Naturalmente la naturopatia non è solo questo, in quanto fornisce al naturopata numerose frecce al suo arco per affrontare le problematiche e gli squilibri che gli vengono posti dai vari clienti, tra cui l'arte del massaggio e da aggiusta ossa, della prano-pratica, dei movimenti di ginnastica riabilitativa, dell'uso degli oli essenziali e dei fiori di Bach o delle erbe medicamentose e, volendo, l'elenco può continuare con molte altre tecniche altrettanto valide ed efficaci. Poiché gli esseri umani non sono tutti uguali, lo stesso vale per i naturopati, essendoci coloro più orientati verso una cosa o l'altra ma avendo una distinta preparazione anche verso le altre tecniche.

Quando si ha a che fare con piante ed erbe, è bene farsi guidare da un naturopata, un erborista o un fitoterapeuta competente e di fiducia. Al giorno d'oggi, questa persona riunisce in se una buona conoscenza del corpo umano e della vastissima farmacopea fitoterapica. È in grado di ricercare la causa delle problematiche e dei suoi sintomi attraverso un ampio ventaglio di strumenti. Perciò, trovare un esperto in grado di guadagnare la nostra fiducia è il primo passo verso una maggiore consapevolezza e un ritorno alla natura e alla sua straordinaria capacità di insegnarci il sentiero migliore per ritrovare la salute. Naturalmente tutto questo va visto in un'ottica d'insieme dove la medicina allopatica e le cosiddette cure naturali collaborino con il comune scopo della salute degli individui.

Personalmente ho voluto orientarmi verso gli antichi rimedi e l'uso delle erbe, probabilmente anche per via dei ricordi della mia adolescenza ma volendo far sì che questi rimedi fossero più facilmente compresi, ho voluto concentrarmi su un numero ridotto, seppur considerevole, di piante e ortaggi di uso comune e quelle erbe che sono facilmente riconoscibili la cui maggior parte abbiamo tutti nel prato o nel bosco dietro casa, nell'orto, in dispensa, in frigorifero o che sono comunque reperibili nel supermercato più vicino.

La natura ci offre essa stessa un'enorme quantità di soluzioni relative agli squilibri che identifichiamo comunemente con il termine di malattia. Sono fermamente convinto che l'uomo, inteso come essere umano, abbia bisogno di tornare ad essere più vicino alla natura di cui anch'esso fa parte. Naturalmente i rimedi descritti non possono certo sostituirsi a cure mediche, ma se invece di prendere sette pastiglie al giorno si riuscisse con l'aiuto di succhi e tisane ad arrivare a prenderne solo cinque o magari tre sarebbe un piacevole risultato. Anche per il benessere dei nostri organi. Spesso, se ancora oggi qualcuno mi chiedesse se faccio uso di rimedi naturali ad istinto potrei rispondere di no ma soltanto dopo mi renderei conto di quante volte sono ricorso ad un infuso per digerire in un periodo dove dovessi avere avuto problemi con lo stomaco o quante volte sono ricorso al latte e al miele per il mal di gola e la tosse, così come al succo di limone per svariate problematiche. Anche voi che leggete, magari ad istinto e senza nemmeno rendervene conto, in memoria di quando eravate poco più che bambini ricordando le amorevoli cure della mamma o dei nonni, ancora oggi quando avete i primi sintomi di influenza ricorrete a una buona tisana e spremute di succo di arancia o pompelmo.

È cosa nota, più o meno a tutti, il modo in cui i nostri nonni si mantenevano in salute. Ai loro tempi, non era comune avere l'abbonamento mensile per la palestra o per il centro benessere. Nella prima metà del secolo scorso si era soliti ricorrere al medico solo nei casi più estremi. Per una semplice slogatura non si andava in ospedale, bensì da qualche anziano pratico dell'arte del massaggio comunemente chiamato aggiustaossa che la sistemava con movimenti precisi adatti allo scopo e aiutandosi magari con del bianco d'uovo montato a neve a sostituire le moderne ingessature. Oltre a ciò aveva la giusta conoscenza dell'uso delle erbe curative per specifiche problematiche, che fosse il mal di testa, difficoltà nel prendere sonno o nella digestione, aveva sempre pronta l'erba giusta. Sono quelli che vengono chiamati antichi rimedi o rimedi popolari, ancor più comunemente noti come rimedi della nonna.

Molti dei rimedi più comuni erano a quel tempo conosciuti anche nelle varie famiglie, primo tra tutti l'utilizzo del miele e del latte, utilizzati spesso con l'aggiunta di un goccio di liquore o grappa per calmare tosse e mal di gola. Frutta e ortaggi di uso comune come limoni, aglio e cipolle venivano usati per vari scopi con impacchi, infusi, decotti e tisane. Non è un caso che quest'ultimo sistema di somministrazione se anche solo parzialmente scandito lascia intendere che avesse uno scopo ben preciso: *Ti-Sana*.

Il filosofo tedesco Ludwig Feuerbach disse: *"L'uomo è ciò che mangia"*.

Questa frase, rivoluzionaria per la sua epoca, è ancora oggi attualissima; ricerche e studi hanno dimostrato in effetti che esiste un rapporto inequivocabile tra alimentazione e longevità e ormai lo sappiamo tutti che una dieta ricca di frutta e verdura, pesce, carni bianche e cereali integrali ci permette di vivere più a lungo e in buono stato di salute. Ma c'è di più: esistono alimenti che ci permettono di mantenere in forma il cuore o le ossa, altri che ci permettono di sedare problematiche quali il reflusso, la stipsi o il diabete.

Altra prova tangibile del legame tra cibo e salute è la longevità di alcune popolazioni che oltre a condurre uno stile di vita attivo, consumano una quantità moderata di calorie, mangiano frutta, ortaggi, pochi grassi (ma buoni) e pochissime proteine animali. Oltre ad agire come prevenzione, l'alimentazione può aiutare nel trattamento di alcune malattie. Mangiando in modo corretto, per esempio è possibile alleviare i sintomi della cistite, diversi problemi intestinali o del reflusso gastrico esofageo. Scegliendo bene i cibi si può migliorare il proprio stato di salute quando si è costretti a convivere con disturbi cronici, dal diabete ai problemi di cuore. È quindi importante impostare un'alimentazione corretta ad ogni età: per crescere bene durante l'infanzia, per prevenire alcuni tipi di malattie quando si è giovani o per correre ai ripari nell'età matura. Anche se si è un po' in là con gli anni, un miglioramento qualitativo della propria dieta, corrisponde ad un miglioramento del proprio stato di salute.

Non sorprende quindi che negli ultimi anni le cure naturali attirino sempre più persone. L'Organizzazione mondiale della Sanità affermava che il 60% delle morti registrate nel 2002 in tutto il mondo, 46 milioni di persone, sono attribuibili a malattie evitabili con una corretta alimentazione, una moderata attività fisica e, inoltre, che la stragrande maggioranza delle malattie che affliggono l'uomo sono causate da un'alimentazione scorretta o insufficiente. E, se da una parte non sorprende ma dovrebbe scandalizzare, che nel terzo millennio ancora molte persone soffrano la fame e paghino pesanti conseguenze in termini di durata e qualità della vita, dall'altra sicuramente stupisce che il ricco mondo occidentale abbia la prima causa di morte nelle scorrette abitudini alimentari, responsabili della gran parte delle patologie cardiovascolari.

La natura stessa ci offre uno scudo protettivo soprattutto attraverso la frutta, la verdura e i vegetali commestibili in genere che, purtroppo, consumiamo in maniera insufficiente e che invece ci permettono di introdurre sostanze benefiche come molte vitamine (A, E e C in particolare), sali minerali e altre sostanze le cui azioni benefiche si vanno sempre più delineando come potenti antiossidanti e stimolanti del sistema immunitario. Uno studio condotto su alcuni volontari privati per un certo periodo di frutta e verdura ha messo in evidenza una drastica riduzione delle funzioni del sistema immunitario. Non è quindi solo un luogo comune affermare che nel cibo di origine vegetale si trovano le soluzioni a molti dei nostri problemi e che, naturalmente, è meglio prevenire che curare.

Comunque, quando il problema insorge, è necessario intervenire e i vegetali così utili nella prevenzione, possono ancora aiutarci nel ritrovare il nostro benessere.

Il rapporto tra essere umano e piante è cominciato tanto tempo fa, quando un nostro progenitore ha iniziato a nutrirsi con frutti ed erbe di vario genere. Si potrebbe supporre che, cibandosi di un particolare elemento vegetale, egli abbia percepito un senso di benessere diffuso o il miglioramento di un disturbo che lo affliggeva. In un secondo tempo, questo nostro antenato ricorse ancora a quel particolare elemento del regno vegetale per ottenerne lo stesso beneficio. Secondo gli antichi, molte piante medicinali vennero scoperte osservando il comportamento degli animali. Plutarco sosteneva che il gigaro scuro era utile per disintossicare l'organismo, perché aveva notato che gli orsi appena usciti dal letargo invernale se ne nutrivano per ripulire l'intestino. Secondo Cicerone, le cerbiatte mangiano la finocchiella prima di partorire, mentre Aristotele, racconta che l'uso della frassinella per curare le ferite venne suggerito all'uomo dalle capre. Egizi, ebrei, greci e romani conoscevano centinaia di piante medicamentose e, fino allo sviluppo della chimica moderna, la maggior parte dei medicinali era ricavata dai vegetali.

Aglio

Viene comunemente coltivato negli orti perché ampiamente impiegato nella preparazione e nel condimento di numerose vivande. Ha un forte sapore che non tutti apprezzano, soprattutto perché appesantisce l'alito a cui conferisce un odore a detta di molti sgradevole. Oltre che per insaporire i cibi l'aglio si è sempre usato e si usa ancora oggi per curare con successo diversi malanni come l'ipertensione, l'ipercolesterolemia, e le infezioni. È un potente antisettico e aumenta la resistenza dell'organismo alle infezioni. Aiuta inoltre a eliminare i radicali liberi, cura le affezioni polmonari, fluidifica il sangue ed è utile contro i vermi e i calli. Il suo consumo è consigliato dall'Organizzazione Mondiale della Sanità. Devono invece fare attenzione le madri che allattano, per via del sapore del latte che viene modificato e coloro che sono in cura con anticoagulanti.

Alcuni spicchi pestati uniti al vino o fatti bollire nel brodo o nel latte venivano usati come vermifugo per i bambini. Due o tre spicchi d'aglio pestati venivano uniti a dell'acqua bollente creando un infuso utile contro disturbi respiratori, ipertensione e ipercolesterolemia.

Uno spicchio d'aglio schiacciato in una tazza di latte caldo era utilizzato come rimedio per l'insonnia. Un cataplasma di aglio crudo, pestato e steso su un panno di lana caldo, veniva utilizzato come rimedio contro i dolori reumatici. L'unguento ottenuto con aglio pestato insieme a olio e grasso veniva utilizzato per applicazioni localizzate  contro la scabbia. Il succo d'aglio unito ad olio di oliva o noce veniva applicato sulle scottature. Del cotone idrofilo imbevuto del succo d'aglio veniva introdotto nell'orecchio per combattere la sordità. L'unguento ottenuto schiacciando dei bulbi d'aglio con dell'olio di lino o di oliva era un ottimo rimedio usato come callifugo. Si usava appendere al collo dei bambini collane di bulbi d'aglio per combattere problemi di verminosi intestinale. Uno spicchio d'aglio, lubrificato con olio veniva come una supposta per uso vermicida.

Come rimedio naturale i suoi usi erano molteplici e, tralasciando alcune credenze popolari che sfociano in campo 'magico', come per contrastare il malocchio, l'aglio aveva molteplici utilizzi anche in altri campi. Unito a diverse altre erbe aromatiche era uno degli ingredienti principali dell'aceto noto come 'Aceto dei quattro Ladri di Marsiglia', un ottimo disinfettante che sarebbe bene avere a portata di mano nell'armadietto dei medicinali. Una ricetta molto simile era quella dell' 'Aceto dei dieci aromi' ma questa era utilizzata come condimento per le insalate. L'impasto ottenuto con succo d'aglio e polvere di gesso era utilizzato come collante per vetri di orologio, occhiali da sole o per fare aderire i vetri a piccole cornici di metallo.

Alloro

L'alloro o Lauro, è una pianta aromatica e officinale, appartenente alla famiglia delle Lauracee, diffuso lungo le zone costiere settentrionali del Mar Mediterraneo, dalla Spagna alla Grecia e nell'Asia Minore, passando per la

Svizzera e l'Italia. In Italia cresce spontaneamente nelle zone centro-meridionali e lungo le coste; nelle regioni settentrionali è invece coltivato e talvolta naturalizzato.

L'ampia diffusione spontanea in condizioni naturali ha fatto individuare uno specifico tipo di macchia: la macchia ad alloro o Lauretum. Si tratta della forma spontanea di associazione vegetale che si stabilisce nelle zone meno aride dell'area occupata in generale dalla macchia. L'infuso delle foglie era bevuto nelle affezioni gastriche o usato per pediluvi contro la stanchezza e gli indolenzimenti. Venivano fatti anche bagni aromatici contro i dolori reumatici. Un impacco di foglie di alloro e di nocciolo era applicato molto caldo sulla pianta dei piedi in caso di febbre e contro i dolori provocati dall'influenza. Un decotto di foglie di alloro e di edera era utilizzato contro stanchezza e dolori ai piedi. Ripetuto per più giorni veniva usato anche per trattare tossi, tracheiti e bronchiti.

Molto quotato come digestivo era l'infuso di foglie di alloro, maggiorana e timo. Il decotto con foglie di alloro e salvia veniva usato per maniluvi e pediluvi per contrastare l'iperidrosi alle estremità. Con le bacche essiccate e cotte nella birra si otteneva una bevanda diuretica assunta contro la ritenzione idrica. Il decotto delle bacche schiacciate era usato per impacchi contro le orticarie. L'olio estratto dalle foglie e dalle bacche, unito a grasso, serviva per unguenti contro i dolori reumatici.

Ananas

Questo frutto indigeno dell'America tropicale è ormai molto popolare e lo si trova facilmente fresco o in scatole, affettato e sciroppato. I frutti hanno la forma caratteristica di una grossa pigna sulla cui sommità si erige un ciuffo di foglie verdi. Dal frutto spremuto si ricava una bevanda piacevolissima, che è un blando diuretico, un sicuro vermifugo, un calmante per la tosse e un espettorante. È inoltre antinfiammatoria e digestiva. Mangiarne il frutto o berne il succo era di per sé un ottimo rimedio per aiutare la digestione e combattere problemi di gastrite. Il succo inoltre ha un ottimo effetto diuretico. Un infuso di succo con acqua calda e miele era utilizzato come rimedio per la tosse catarrale. Il succo di un frutto non completamente maturo e non zuccherato veniva usato come vermifugo per i ragazzini.

Arancio

Albero sempreverde dai fiori candidi e profumatissimi, ritenuti simbolo di purezza. Nel nostro paese cresce solo dove il clima è più temperato. Altre specie simili sono il mandarino, molto più profumato, ma di valore nutritivo inferiore. Il bergamotto, ricco di essenza che viene utilizzato soprattutto nella produzione dei profumi e l'arancio amaro. I pregi e le virtù dell'arancio sono molteplici. I frutti sono ricchi di vitamina C e rappresentano un mezzo prezioso per coloro che hanno bisogno di arricchire la propria alimentazione. Bevande e spremute di arancia costituiscono certamente i migliori dissetanti. Infusi, decotti, elisir e liquori a base di arancio sono calmanti dei nervi, antispasmodici, stomatici, febbrifughi e aromi. La bevanda nota col nome di *canarino*, creata facendo bollire la scorza di arancio (o mandarino, talvolta limone), viene utilizzata principalmente come digestivo ma è anche un blando calmante ed è ottimo la sera prima di andare a dormire per un sonno tranquillo. L'infuso di fiori di arancio, tiglio e camomilla veniva utilizzato per i dolori di stomaco e dell'intestino.

Un tonico fatto con i fiori essiccati veniva utilizzato per problemi allo stomaco ma anche in caso di inappetenza. Un infuso di foglie o con i fiori secchi veniva utilizzato per combattere insonnia ed eccitazione nervosa. L'infuso fatto con un frutto intero veniva usato in caso di febbre.

L'arancio è ben noto per le sue qualità aromatiche e viene di conseguenza utilizzato per la creazione di liquori e profumi. Veniva infatti usato per togliere il cattivo odore a un ambiente e profumare la casa facendo bruciare della buccia d'arancia essiccata.

Asparago

Pianta erbacea perenne da cui in primavera si sviluppano i noti e succulenti germogli. Può crescere spontaneamente nelle zone più calde d'Italia e trova il terreno ideale lungo le siepi e nei terreni più aridi.

Ovviamente viene anche coltivata negli orti per la squisitezza dei suoi germogli, che fioriscono in primavera. Ha proprietà diuretiche e sedative per il cuore. Giova inoltre a chi soffre di idropisia. A causa dello straordinario potere diuretico di questa pianta, si sconsiglia l'uso di decotti e l'uso di asparagi come cibo a coloro che soffrono di affezioni acute della vescica infiammazioni renali ed alle persone nervose ed eccitabili. Lo sciroppo ottenuto sciogliendo, a bagnomaria, dello zucchero nel succo estratto dai giovani polloni era somministrato in caso di catarri bronchiali. Il decotto dei polloni era utilizzato come sedativo cardiaco. Una tintura ottenuta facendo macerare le radici in alcol a bassa gradazione veniva utilizzato per casi di

inappetenza e come diuretico. Il decotto delle radici si utilizzava per

combattere obesità e idropisia. Lo "sciroppo delle cinque radici" fatto con radici di asparago, sedano, finocchio, prezzemolo e pungitopo veniva utilizzato per combattere ipertensione e in caso di eccesso di tossine.

Avena

Sconosciuta allo stato spontaneo, l'avena cresce bene specialmente nelle zone umide. La sua coltivazione è simile a quella del frumento. Appartiene alla famiglia delle graminacee, raggiunge l'altezza di un metro circa, fiorisce in giugno e si raccoglie in piena estate. È molto apprezzata dagli agricoltori e dagli allevatori di bestiame perché costituisce uno dei principali alimenti dei cavalli. Oltre a ciò, si devono riconoscere a questa pianta notevoli qualità nutritive ed energetiche. Il suo contenuto di ferro, amido e azoto giova all'alimentazione dei bambini, dei convalescenti, degli anziani, delle donne che allattano e di tutti coloro che necessitano di nutrimenti sani e leggeri. Con la farina di avena si fanno minestre gustose e delicate. Le sono riconosciute proprietà dietetiche, vitaminiche, diuretiche, rinfrescanti, emollienti, sedative, stimolanti, mineralizzanti e disintossicanti. Un decotto di avena veniva utilizzato per combattere stati di ansia, insonnia, idropisia, diarrea e come diuretico. L'infuso ottenuto con della paglia di avena veniva invece usato in caso di gotta. Un cataplasma fatto con farina di avena e aceto veniva utilizzato per tosse catarrale e lombaggine.

Bergamotto

Questa pianta viene coltivata su vasta scala in Calabria e in Sicilia in quanto la buccia dei frutti contiene un'essenza fortemente profumata che costituisce la base principale per la produzione di profumi e acque di colonia. La sua essenza viene spesso usata nella medicina familiare come aromatizzante, calmante, disinfettante, antiparassitario, cicatrizzante e per favorire la digestione. Si utilizzava mettere qualche goccia di essenza su una zolletta di zucchero per poi mangiarla in casi di epilessia ed eccitazione nervosa. Qualche goccia di essenza si usava su una garza pulita e successivamente applicata su una ferita disinfettata, si dice che favoriva ed accelerava il processo di cicatrizzazione. L'essenza di bergamotto, unita a quella di menta e canfora mescolate con dell'olio di ricino raffinato si utilizzava per frizionare mani e piedi per combattere e prevenire i geloni. Qualche goccia di essenza in acqua tiepida veniva utilizzata in caso di infezioni vaginali. Frizioni con l'essenza venivano usate contro ogni tipo di parassiti. L'essenza di bergamotto veniva utilizzata anche per la pulizia delle botti grazie alle sue caratteristiche deodoranti e disinfettanti.

Carciofo

Oltre che come alimento, il carciofo è molto apprezzato per le sue straordinarie virtù terapeutiche. Regolarizza il ricambio e le funzioni del fegato e, dal momento che contiene molto ferro, è prezioso per tutti coloro che soffrono di anemia e rachitismo. È inoltre risaputo che il carciofo è un ottimo tonico e aperitivo. Un decotto di carciofo veniva utilizzato per calcoli biliari, disturbi del fegato, inappetenza, ipercolesterolemia, diuresi e per combattere l'eccesso di tossine.

Carota

Pianta popolarissima e diffusa in tutta la penisola dove viene coltivata in molti orti. Allo stato selvatico cresce anche nei prati tra ruderi e sterpaglie. La radice di un bel colore giallo-arancio è ricca di vitamine, zuccheri e succo, nutriente e con proprietà digestive e depurative. Il succo, mescolato ad acqua tiepida veniva utilizzato in casi di diarrea e afonia. Un decotto di carote veniva utilizzato per diverse problematiche, tra cui inappetenza, digestione difficile, problemi di allattamento, diarrea, raucedine e tosse. Si davano crude da

mangiare ai bambini che soffrivano di parassitosi intestinale. Un cataplasma di carota cruda grattugiata veniva applicato sulle scottature. Il decotto delle foglie veniva utilizzato per detergere ferite e piaghe. Nelle campagne, si utilizzava mescolare delle carote tagliate a pezzetti con il foraggio dei cavalli per combattere i casi di bronchite.

Castagno

Albero dai frutti squisiti con alto valore nutritivo (zuccheri, amidi, sali minerali, grassi e pochissimo glutine) e noto a tutti. L'uso alimentare dei frutti era importantissimo per le nostre popolazioni.

Nella medicina casalinga si utilizzano principalmente le fogli e la corteccia dei rami, possiede proprietà espettoranti, astringenti e spasmodiche.

Un decotto di corteccia veniva utilizzato contro gli arrossamenti cutanei e anche come antiemorragico. L'infuso delle foglie secche veniva usato per bronchiti, infiammazioni della bocca e in caso di tosse compulsiva e persistente.

Oltre ai rimedi sopra descritti, un decotto di foglie secche si utilizzava anche per il lavaggio dei capelli biondi o castani ai quali donava piacevoli riflessi ramati.

Cetriolo

È una pianta erbacea annuale, appartenente alla famiglia delle cucurbitacee.

Viene coltivato sin dall'antichità a scopo alimentare. I suoi frutti vengono consumati soprattutto freschi, in insalata o conservati sotto aceto. La sua polpa è ricca di acqua, vitamine e sali minerali.

Al frutto del cetriolo sono riconosciute proprietà detergenti, emollienti, decongestionanti e rivitalizzanti della cute.

Il cataplasma si utilizzava, infatti, per mantenere morbida la pelle del viso.

Ciliegio

Il ciliegio è un albero da frutto originario dell'Europa, dalle isole britanniche fino alla Russia, passando per Francia, penisola iberica, Italia, Germania fino a tutto l'est in zone montuose e in alcune zone montane fredde dell'Asia minore. In Italia è presente naturalmente dalle zone collinari fino a quelle montuose, presentando una buona resistenza al freddo.

L'infuso delle foglie era impiegato come aperitivo. Quello ottenuto dai peduncoli dei frutti era invece bevuto come diuretico.

Cipolla

Si dice che nei paesi in cui la popolazione si ciba essenzialmente di cipolle i tumori siano quasi sconosciuti e la gente campi in buona salute fino a tardissima età. Gli antichi egizi adoravano le cipolle come elemento sacro e le impiegavano in medicina specialmente per le affezioni della vescica e dei reni. Anche oggi, nella semplice ma ancor valida medicina familiare, questo modesto bulbo gode di grande stima e viene largamente utilizzato quale stimolante dell'attività renale, calmante, emolliente ed espettorante, oltre che per curare efficacemente infezioni intestinali, cattive digestioni, stitichezza, emorroidi, calli, geloni, punture di api, vermi, raffreddore, tosse ed emorragia dal naso.

La cipolla è originaria della Persia e viene coltivata negli orti di tutta Italia,

dal Nord al Sud. L'infuso veniva usato in caso di vermi, tosse e raffreddore. Si usava farla bollire nell'aceto e utilizzarne poi il liquido per imbevere una garza ed applicare impacchi come callifugo. L'unguento ottenuto con burro o olio di lino veniva utilizzato in caso di emorroidi. L'unguento di succo di cipolla e lanolina si utilizzava invece per i geloni. In caso di punture d'api era cosa comune strofinare una cipolla tagliata per lenire il dolore. Aspirare le esalazioni di una cipolla fresca tagliata a metà si usava in caso di epistassi per fermare la perdita di sangue. Per tosse e raffreddore si usava anche realizzare uno sciroppo con cipolle, zucchero e miele. Si realizzava un decotto di cipolla contro la stitichezza. Un altro rimedio semplice ed efficace contro la stitichezza è mangiare due volte al giorno mezza cipolla cotta sotto la cenere calda.

Oltre che come rimedio naturale, la cipolla veniva mischiata con il mangime per le galline due o tre volte la settimana, sfruttando le sue capacità di antisettico naturale per prevenire malattie infettive.

Una cipolla tagliata veniva utilizzata anche per strofinare cornici e mobili dorati per allontanare le mosche. Il suo succo, inoltre, non arreca danni alla doratura.

Crusca

La crusca è l'insieme delle scorie di macinazione dei cereali, in special modo del frumento, che il buratto ha separato dalla farina. Contiene cellulosa e sostanze azotate e rappresenta un'ottima alimentazione per il bestiame e per i polli in modo particolare. Ma oltre che per il suo impiego principale, la crusca merita un posto d'onore poiché è emolliente e rinfrescante e giova all'intestino e alle pelli delicate.

Un tempo, in campagna, si somministrava ai bambini gracili e delicati un decotto ricostituente a base di crusca, latte e miele. Il decotto fatto con la crusca si utilizzava in caso di colite o per fare lavaggi in caso di arrossamenti cutanei.

Fico

Albero da frutto originario dell'Asia occidentale, introdotto da tempo immemore nell'area mediterranea. In Italia è presente soprattutto in Puglia, Campania e Calabria.

Appartiene alla famiglia delle Moracee, è una pianta molto resistente alla siccità e vegeta nelle regioni della vite, dell'olivo e degli agrumi. È molto conosciuta per i suoi succulenti frutti dal sapore dolce mangiati sia freschi che essiccati.

Il latte fresco era applicato sulle verruche. Un cataplasma di fichi freschi si utilizzava per far maturare foruncoli e sugli ascessi. Una polvere di foglie di fico e di olmo cotta nel brodo si utilizzava per le coliche. La polvere dei frutti, arrostita e  unita al miele, si usava per creare un unguento contro i geloni. I fichi secchi, torrefatti e macinati, costituivano un sostitutivo del caffè.

Oltre agli utilizzi impiegati per i rimedi casalinghi, si utilizzavano le foglie per pulire le pentole in cucina. I fichi secchi venivano impiegati anche per realizzare una bevanda vinosa aromatica nota come *Vino Madera*.

Gramigna

Erba dall'aspetto sottile e longilineo, nota a tutti come erba infestante. Sebbene abbia un aspetto fragile e delicato, la gramigna resiste alle mutilazioni e alle intemperie e, anche se disseccata, butta nuovi germogli allungando le sue radici sempre più, fino a invadere tutto il terreno in un intricato, tenacissimo abbraccio. Non esiste zona dove la gramigna non possa crescere, la si trova dappertutto, dalle Alpi fin sulle isole, nei terreni coltivati e in quelli lasciati incolti, ai bordi delle strade, nei prati, tra i ruderi e le pietraie, sui monti e vicino al mare. Quando un campo viene invaso dalla gramigna, l'agricoltore fa tutto il possibile per disinfestare il suo terreno da quest'erba che si moltiplica con rapidità a danno delle coltivazioni.

Eppure nell'antica farmacopea e nella moderna erboristeria, la gramigna ha sempre avuto un posto di tutto rispetto. È nota fin dall'antica Grecia, dove veniva usata per curare moltissime problematiche, è ritenuta ancora oggi un rimedio di importante contro la febbre, la gotta e i reumatismi, per le problematiche dell'intestino e quelle di

reni e vescica. Se ciò non fosse sufficiente, si sa che la gramigna sola o associata ad altre erbe, è uno dei migliori depurativi del sangue. Della pianta si utilizzano principalmente le radici, fresche o essiccate, raschiate in modo da eliminare la pellicina che le ricopre per evitare che le preparazioni abbiano un sapore amaro e poco gradevole.

Anche i cani e i gatti istintivamente ricorrono alla gramigna quando ne sentono il bisogno.

Il succo fresco della pianta era ritenuto uno dei migliori depurativi

dell'organismo e del sangue che si conoscano. Il decotto del rizoma era bevuto per calmare la sete negli stati febbrili e in caso di gastriti, calcoli renali, gotta, reumatismi o disturbi al fegato. I suffumigi fatti col decotto di rizoma si utilizzavano in caso di raffreddore. I rizomi, ricchi di amido e principi nutritivi, lavati e poi macinati erano usati per panificare, soprattutto in periodi di crisi alimentare.

Limone

Quanto sia importante il limone nella nostra dieta è inutile sottolinearlo. Usato nell'industria dei liquori, della profumeria e della pasticceria, è indispensabile anche in cucina. Viene utilizzato anche per la preparazione di numerosi medicinali. Il succo di limone è uno degli elementi più importanti della pratica casalinga. È un potente antisettico e cicatrizzante, viene utilizzato per disinfettare le ferite di cui favorisce la cicatrizzazione, oltre che per curare in maniera efficace le affezioni della bocca, della gola e per ripulire immediatamente la ferita provocata dalla morsicatura di un animale.

Una bevanda fatta col succo di tre limoni in mezzo bicchiere d'acqua bevuta il mattino

a digiuno per dieci giorni era un trattamento utile per la gotta.

Un trattamento purificante ma che veniva usato anche per combattere arteriosclerosi e ipertensione prevedeva di bere il succo di un limone al mattino aumentando la quantità di limoni giorno dopo giorno fino ad arrivare a dieci limoni. Era un trattamento utilizzato anche in caso di adiposità localizzata e disturbi del fegato poiché il succo di limone è molto efficace nello stimolare la secrezione della bile.

Il succo di mezzo limone in una tazza di caffè, camomilla o tè caldo poco zuccherato veniva usato in caso di emicrania.

Un limone spremuto in una tazza di acqua calda zuccherata era utilizzato contro tutti gli stati febbrili. Per aumentare la secrezione di urina durante gli stati febbrili si usava bere limonate calde e zuccherate. Se però la febbre fosse accompagnata da diarree è meglio astenersi dal bere la bevanda che non farebbe altro che aumentare il disturbo intestinale. Il succo di limone veniva utilizzato come valido sostituto in mancanza di un disinfettante alcolico. Una sorta di collutorio fatto con acqua tiepida e succo di limone veniva utilizzato in caso di infiammazioni della gola e della bocca. Il succo di limone con un poco di miele bevuto al mattino a digiuno veniva usato per ristabilire il metabolismo di base se alterato. Si era soliti strofinare mezzo limone sulle zone doloranti, rimedio utile anche in caso di reumatismi. Un rimedio vecchio ma sempre efficace per il singhiozzo è quello di versare qualche goccia di succo di limone su una zolletta di zucchero e farla sciogliere lentamente in bocca. Se il singhiozzo persiste, inghiottire un cucchiaino di succo di limone. Un ricostituente creato lasciando sciogliere delle uova in abbondante succo di limone e poi zuccherato veniva utilizzato in caso di carenza di calcio. È una ricetta tra le più antiche che si conoscano e che gode tutt'oggi di molta fiducia.

Come accennato già nell'introduzione, il limone era uno dei frutti alla base dei rimedi casalinghi. Il suo succo era anche utilizzato come alternativa al dentifricio per pulire i denti, disinfettare la bocca e purificare l'alito. Un'ottima bibita rinfrescante era fatta con acqua, succo di limone, ghiaccio e qualche foglia di menta. Il succo di limone mescolato con acqua era utilizzato per togliere tracce di grasso, specialmente dai capelli. Questo trattamento serviva anche a renderli morbidi e lucenti. Ancora oggi viene utilizzato il succo di limone per rimuovere l'odore del pesce o della cipolla dalle posate o per lavarsi le mani dopo averli maneggiati. Una miscela di succo di limone e glicerina era utilizzata per sbiancare le mani, trattamento utile anche per mantenerle morbide malgrado le insidie dei lavori domestici

Una soluzione a base di acqua e succo di limone veniva utilizzata per lavare i cappelli di paglia e ripristinare la loro primitiva freschezza. Una soluzione simile si utilizzava anche per mantenere la morbidezza dei tessuti di seta e la lucentezza dei colori.

I soprammobili di rame o piombo venivano spesso puliti strofinandoli con mezzo limone e poi asciugati senza risciacquare. Una miscela di sale e succo di limone era utilizzata per rimuovere le macchie di ruggine dalla tela.

Mais

Il mais, noto in Italia anche come granoturco, granturco o frumentone, è una pianta erbacea annuale della famiglia delle graminacee, si dice fosse già coltivato dalle popolazioni indigene in Messico centrale in tempi preistorici circa 10.000 anni fa. È uno dei più importanti cereali, largamente coltivato sia nelle regioni tropicali sia in quelle temperate.

Base alimentare tradizionale delle popolazioni dell'America Latina e di alcune regioni dell'Europa e del Nordamerica, nelle regioni temperate è principalmente destinato all'alimentazione degli animali domestici, sotto forma di granella, farine o altri mangimi. È inoltre destinato a trasformazioni industriali per l'estrazione di amido e olio oppure alla fermentazione, allo scopo di produrre per distillazione bevande alcoliche o bioetanolo a scopi energetici.

Ai malati di tubercolosi era somministrata ogni giorno farina di mais cotta nel latte.

L'infuso degli stili era usato come diuretico.

Con la farina si preparavano degli impacchi emollienti e maturativi da applicare sui foruncoli.

Si realizzava uno sciroppo bollendo i semi in acqua e aggiungendo abbastanza zucchero fino a darne una consistenza sciropposa utile contro malattie da raffreddamento.

Gli stimmi di questa pianta, assumibili grazie alle tisane, producono un effetto diuretico e sono consigliati nella calcolosi e nelle cistiti.

L'olio di mais, applicato alla pelle con un leggero massaggio, la rende più morbida ed elastica.

Miele

È giusto che fra tante piante vi sia un posto anche per il miele, che dei fiori è il parente più stretto.

Prodotto dall'elaborazione del nettare da parte delle api operaie, questa materia zuccherina che si estrae dai favi contiene vitamine e sostanze

nutrienti. Nella medicina domestica il miele viene usato quale emolliente, rinfrescante, lassativo e ricostituente.

Decotti e infusi di erbe, specialmente se preparati per malattie da raffreddamento sono più efficaci e graditi se addolciti con il miele. E il miele, da solo, può costituire un validissimo rimedio contro diversi malanni. Una cura ricostituente piacevole e facile da seguire consiste nello sostituire il miele allo zucchero e nell'assumere snack a base di pane e miele.

La miscela ottenuta amalgamando burro e miele veniva utilizzata come ricostituente in caso di debolezza.

L'infuso di acqua bollente con un'abbondante cucchiaiata di miele poi aromatizzato con qualche goccia di fiori d'arancio era utilizzato in caso di raffreddore e infiammazione ai bronchi.

L'infuso ottenuto con la scorza di mezza arancia poi addolcito con miele veniva usato per le infiammazioni della gola.

L'infuso con un cucchiaio di fiori di tiglio addolcito con miele era utilizzato per raffreddori e influenza.

Nocciolo

La pianta del nocciolo ha origini molto antiche. Essa veniva coltivata dai Romani e dai Greci che ne apprezzavano già le proprietà benefiche, nutritive e terapeutiche.

La frutta secca, in effetti, rappresenta una fonte naturale di principi attivi e nutrizionali davvero importanti per la salute dell'organismo.

Tuttavia, il suo consumo deve essere moderato e seguire determinate regole.

Dal punto di vista nutrizionale, oltre ad essere una fonte di energia formidabile, le nocciole rappresentano un alimento molto adatto anche per i celiaci, in quanto non contengono glutine.

Dalla spremitura di questi frutti oleosi si ricava l'olio di nocciole, un olio vegetale piuttosto pregiato, molto utilizzato in cucina e in cosmesi, ben si presta alla cura della pelle e dei capelli. È infatti è ricco di acidi grassi insaturi e vitamina E ed ha proprietà emollienti e idratanti su cute e cuoio capelluto. Per questo tonifica e ammorbidisce la pelle ed è utile nei massaggi contro cellulite e smagliature. Molto utilizzato anche in aroma terapia come olio vettore di base per miscelare gli oli essenziali.

Essendo anche commestibile, molte famiglie contadine in epoche passate lo hanno impiegato per condire e cuocere.

L'infuso degli amenti si usava come diaforetico. Il decotto della corteccia era bevuto per curare l'influenza. Il decotto di corteccia e foglie veniva usato per lavaggi nasali contro l'epistassi. Un decotto di foglie si usava anche per arrestare emorragie interne o per applicazioni esterne come antiemorragico e vulnerario locale, Un impacco di foglie di nocciolo e di alloro era applicato molto caldo sulla pianta dei piedi contro la febbre e per i dolori relativi all'influenza. Dai semi si otteneva un olio somministrato contro i vermi. Lo stesso olio, mescolato a olio di fegato di merluzzo, era usato come ricostituente. Per alleviare i dolori reumatici si usava frizionare la parte interessata con un preparato ottenuto cuocendo in olio di oliva le foglie di nocciolo seccate nel forno con foglie di noce, cenere di tabacco e sale.

Ortica

L'ortica è una pianta erbacea perenne nativa dell'Europa, dell'Asia, del Nord Africa e del Nord America, ed è la più conosciuta e diffusa del genere Urtica. Possiede peli che, quando si rompono, rilasciano un fluido che causa bruciore e prurito.

La pianta è nota per le sue proprietà medicinali, per la preparazione di pietanze e, nel passato, per il suo esteso uso nel campo tessile.

L'ortica veniva utilizzata contro le artriti sin dall'Antico Egitto. Usi medicinali dell'ortica sono riportati da Teofrasto, Plinio il Vecchio, Ippocrate e numerosi antichi greci. I soldati romani, ad esempio, la utilizzavano per trattare la stanchezza muscolare e i reumatismi. Diversi usi della pianta sono stati descritti su testi di medicina e botanica, dal medioevo fino ai giorni nostri.

Le applicazioni sfruttano le proprietà stimolanti e irritanti dei peli e includono il trattamento di anemie, reumatismi, artriti, eczemi, asma, infezioni della pelle, dolori intestinali, oppure sono tradizionalmente impiegate come shampoo per la calvizie o contro le emorroidi e la gotta.

Studi moderni provano l'efficacia dell'uso medicinale dell'ortica contro artriti, reumatismi, riniti allergiche, infezioni del tratto urinario, problemi cardiovascolari e per il trattamento dell'ipertrofia prostatica benigna.

Il decotto delle foglie e degli steli era bevuto ed applicato all'esterno per il trattamento di malattie cutanee. Un batuffolo di cotone imbevuto di succo fresco si introduceva nelle narici per fermare le epistassi. L'infuso o il decotto dei semi si somministrava per problemi di vermi all'intestino. Contro i dolori reumatici si usava orticare la parte interessata con fronde fresche. Per la caduta dei capelli si utilizzava risciacquarli con un decotto della pianta intera unito ad aceto.

Le piante giovani erano usate come spinaci in minestre o zuppe, dopo essere state triturate e cotte nel latte.

Patata

Le patate sono i tuberi commestibili prodotti da una pianta erbacea originaria del continente americano ed appartenente alla famiglia delle solanacee (la stessa di pomodori, melanzane e peperoni)

Sono cibi di origine vegetale che rientrano, assieme ai cereali e derivati, nel III gruppo fondamentale degli alimenti. Ricche di carboidrati complessi, risultano comunque meno energetiche dei cereali, delle farine, della pasta (anche cotta), del pane e dei frutti amidacei (come le castagne e il frutto dell'albero del pane). Ad ogni modo non si deve commettere l'errore di mangiarle come fossero semplici ortaggi. Mediamente, le patate contengono tra il doppio ed il quadruplo delle calorie rispetto alle verdure comuni e molta più energia rispetto ai frutti dolci più calorici (o fino al doppio di quelli meno zuccherini).

In fitoterapia si riconoscono alle patate proprietà energetiche, protettive sulla mucosa gastrica, diuretiche ed emollienti. Il succo di patata è un concentrato di tutti i suoi principi attivi ma, prima di estrarlo dal tubero, bisogna valutare accuratamente lo stato conservativo della materia prima.

È utile conservare i tuberi in locali non illuminati eliminando periodicamente i germogli che tendono a formarsi in superficie. Per questa ragione, se mangiate crude, possono causare mal di testa e febbre. Poiché la maggior parte della solanina è concentrata nella buccia, pelando le patate si ottiene una riduzione drastica dell'alcaloide inizialmente presente. La cottura determina un'ulteriore diminuzione della solanina totale.

Ridotta in poltiglia veniva spalmato sulle ustioni come lenitivo ed emolliente. In cosmesi, le fette di patate vengono utilizzate per lenire rossori e pruriti della pelle e decongestionare gli eritemi. Contro il mal di denti si applicavano fette di patate crude, all'esterno, sulla parte dolente.

Peperoncino

Originaria dell'America del Sud, è oggi molto diffusa anche nei nostri orti, specialmente nelle regioni più calde. Il frutto viene solitamente colto a piena

maturazione e fatto essiccare al sole. Lo si può anche ridurre in polvere schiacciandolo in un mortaio.

L'industria farmaceutica lo usa nella preparazione di cerotti e pomate contro i dolori reumatici.

La tintura di alcol e peperoncino veniva utilizzata per combattere artrite e reumatismi. Il decotto di peperoncino, cascarilla e rabarbaro veniva utilizzato per chi aveva problemi di alcolismo.

Pomodoro

Originario dell'America ma ormai noto e coltivato in tutta la penisola è conosciuta principalmente per i sui frutti deliziosi. Le altre parti della pianta sono invece classificate come velenose. La sua polpa è ricca di vitamine e sostanze nutritive e sotto forma di succo o di passato sostituisce un cibo

impareggiabile per i bambini.

Il succo del frutto veniva usato in casi di stitichezza e per problemi di diuresi, avendo un buon effetto anche sui reni.

L'unguento fatto con polpa di pomodoro e grasso di maiale veniva utilizzato per casi di emorroidi.

Si mescolavano foglie di pomodoro, foglie di noce, fronde di asperula e fiori di lavanda in sacchetti di tela che venivano appesi per tenere lontani insetti e parassiti.

Porro

Appartenente alla famiglia delle liliacee, questo ortaggio delizioso è coltivato in tutta Italia. Dotato di un odore che ricorda quello della cipolla ma più delicato, ha dei fiori sferici, grandi e compatti che si ergono su steli lunghi fino a 60cm. La pianta si presenta come quella della cipolla ma, anziché avere solo il bulbo, è fornita di parecchie brattee fogliari compatte e riunite in un unico stelo. Nella medicina familiare, il porro è conosciuto per le sue indiscusse proprietà diuretiche e per la sua efficacia contro gli ascessi e contro le punture delle api.

Un cataplasma di polpa di porro e strutto veniva applicato per combattere gli ascessi. Un decotto con l'acqua di cottura dei porri senza sale aggiunto veniva bevuto durante la giornata per problemi diuretici. Come anche la cipolla, il porro è un ottimo rimedio contro l'acuto dolore provocato dalle punture d'api. È sufficiente strofinarne un pezzetto sulla parte colpita perché il bruciore sparisca.

Rosmarino

È una pianta perenne aromatica appartenente alla famiglia delle Lamiaceae. È spontaneo dell'area mediterranea dove cresce nelle zone litoranee lungo tutte le coste tirreniche e ioniche, sulle coste adriatiche fino al Molise, su tutte le isole anche sulle rive occidentali del Garda. È coltivato e, talvolta, sub spontaneo su quasi tutto il territorio nazionale.

I rametti e le foglie raccolti da maggio a luglio e fatti seccare all'ombra hanno proprietà aromatiche, stimolanti l'appetito e le funzioni digestive, stomachici, utili nelle dispepsie atoniche e gastralgie, tonici e stimolanti per il sistema nervoso, il fegato e la cistifellea. Da alcuni autori viene inoltre consigliato per affezioni generiche come tosse o asma.

Per uso esterno il macerato in vino applicato localmente è antireumatico; mentre il macerato in alcool, revulsivo, viene usato per frizioni anche del cuoio capelluto; possiede qualità analgesiche e quindi viene applicato per dolori reumatici, artriti. Per uso esterno se ne usa l'infuso per gargarismi, lavaggi e irrigazioni cicatrizzanti o per cataplasmi antinevralgici e antireumatici. Aggiunto all'acqua del bagno serve come corroborante, purificante e per tonificare la pelle.

I fiori, raccolti da maggio ad agosto, hanno proprietà simili alle foglie; in infuso per uso esterno sono vulnerari, stimolanti, curativi della leucorrea e per la lotta ai pidocchi pubici.

Farmacologicamente, si prepara un'essenza e un'acqua contro l'alopecia o pomate per gli eczemi. Contro il bruciore di stomaco si assumeva un

cucchiaio di polvere di foglie secche all'inizio di ogni pasto. L'infuso di fiori e foglie era bevuto nel trattamento delle palpitazioni, ossia la sensazione soggettiva del battito cardiaco accelerato o concitato. Con il decotto delle foglie si facevano suffumigi contro le malattie da raffreddamento. Il decotto dei rametti con bacche di ginepro era bevuto, e applicato localmente nella regione renale nei casi di oliguria. L'enolito in vino rosso era considerato cardiotonico ed in grado di rinforzare la vista. L'oleolito delle foglie, con essenza d'anice era frizionato sulla cute per combattere scabbia, pediculosi e paralisi periferiche. Un vulnerario per

uso esterno, applicato contro le contusioni, le ferite e le distorsioni, si preparava facendo macerare a freddo per due o tre settimane in alcol le sommità di rosmarino, timo, maggiorana, melissa e salvia, tutte finemente sminuzzate. La stessa preparazione si utilizzava, mettendone qualche cucchiaino in acqua calda, contro gli svenimenti.

Rovo

Il rovo è una pianta spinosa appartenente alla famiglia delle Rosacee. Si

può trovare in quasi tutta l'Europa, il Nord Africa e il sud dell'Asia. È stata introdotta anche in America e Oceania.

La pianta è indicativa di terreni profondi e leggermente umidi. È considerata infestante in quanto tende a diffondersi rapidamente e si sradica con difficoltà. Né il taglio né l'incendio risultano efficaci. Anche gli erbicidi danno scarsi risultati.

Spesso nei boschi i rovi formano delle vere barriere intransitabili. Specialmente in associazione con la vitalba, essi possono creare dei grovigli inestricabili spesso a danno della vegetazione arborea che viene in pratica aggredita e soffocata. Tali situazioni sono quasi sempre l'espressione di un degrado boschivo. La pianta è utilizzata anche per delimitare proprietà e poderi, con funzioni principalmente difensive, sia per le numerose e robuste spine che ricoprono i rami, sia per il fitto e tenace intrico che essi formano, creando una barriera pressoché invalicabile.

È nota principalmente per il suo succulento frutto, la mora, annoverata tra i cosiddetti frutti di bosco, ha discrete proprietà nutrizionali con marcata presenza di vitamine C e A. Presenta indicazioni in erboristeria per le sue proprietà astringenti e lassative.

Per sedare i dolori da appendicite si somministrava il decotto di foglie di rovo e agrifoglio-

L'infuso di foglie di rovo, timo, foglie di salvia e di origano, era applicato come impacco sulla gola per risolvere la raucedine.

L'infuso delle foglie si utilizzava come antidiarroico e allo stesso scopo si utilizzava masticarne qualche foglia fresca.

Salvia

È una pianta odorosa dal portamento cespuglioso e dal fogliame fitto di colore grigio-verde e sprigiona il caratteristico aroma. È un arbusto perenne, sempreverde e si riconosce facilmente in virtù delle caratteristiche foglie leggermente vellutate e dei fiori blu-viola. Cresce spontaneamente nelle zone litoranee fino a 800 metri di altitudine, ed è diffusa in centinaia di specie diverse coltivate e selvatiche.

Tipica dell'area mediterranea, come la borragine, il rosmarino, menta, il basilico, il timo, l'aneto, l'origano e l'ortica, ha un'antica tradizione di uso in cucina. Ma anche una grande tradizione come pianta medicinale: il suo nome scientifico, salvia officinalis, deriva infatti dalla parola latina salvus, cioè 'sano'.

I Greci e i Romani consideravano la salvia una pianta sacra, che poteva essere raccolta solo da pochi eletti. In particolare nell'antica Roma era considerata come rimedio contro tutti i mali. I cinesi poi la consideravano simbolo di longevità. Nel medioevo veniva usata come cicatrizzante sulle ferite e piaghe più difficili.

È una pianta officinale usata in fitoterapia, dalle cui foglie si ricava l'olio essenziale. Ha proprietà antisettiche e balsamiche, ed è ideale in caso di infezioni intestinali e in quelle della bocca e come cicatrizzante per ferite, e per curare raffreddore, tosse, mal di gola e febbre.

Il decotto delle foglie con acqua e vino serviva per gargarismi nelle affezioni orofaringee. L'infuso delle foglie di salvia, timo, origano e rovo era applicato come impacco sulla gola per risolvere la raucedine.

Il decotto di foglie di salvia e di malva era impiegato per sciacqui in bocca nelle infiammazioni delle gengive e dei denti. L'infuso delle foglie era bevuto come depurativo per il fegato e gargarizzato contro l'afonia. Con le foglie si confezionavano sigarette che erano fumate dai sofferenti d'asma. Con il medesimo scopo si effettuavano delle fumigazioni bruciando le foglie, fresche o secche su piastre o pietre molto calde ed aspirandone i fumi. Le foglie fresche, strofinate sui denti e le gengive, fungevano da dentifricio. Un unguento per i reumatismi e contro i dolori in generale si preparava con burro e alcol nel quale venivano infuse foglie di salvia.

Ulivo

Le prime coltivazioni di ulivi hanno origini molto antiche risalenti a circa 6.000 anni a.C. Le prime testimonianze sono relative alla Palestina ed alla Siria, per poi diffondersi su tutto il Mediterraneo.

In Italia è molto coltivato nelle regioni del sud e della zona centrale, i suoi frutti (Olive), vengono raccolte prevalentemente in settembre e ottobre dalla cui spremitura si ottiene un ottimo olio, ma sono disponibili nei supermercati durante tutti i mesi dell'anno.

Neri o verdi che siano, i suoi frutti costituiscono degli alimenti ricchi di proprietà nutrizionali benefiche grazie soprattutto alla presenza di sostanze con virtù antiossidanti e anti-infiammatorie.

Ai suoi frutti vengono riconosciuti ottimi benefici a livello di sistema cardio circolatorio e garantiscono un buon apporto di vitamina E e di sali minerali antiossidanti come selenio e zinco.

Gli si riconoscono inoltre proprietà ottime per azioni di prevenzione contro patologie tumorali, osteoporosi e pressione sanguigna alta.

L'olio di oliva con succo di limone era ritenuto un buon vermicida. Un cataplasma di olive mature schiacciata si applicava su ascessi e su foruncoli per favorirne la maturazione. L'olio sbattuto con il vino formava il "Balsamo del Samaritano" usato per le scottature. Per trattare le insolazioni si sbatteva un uovo con dell'olio e si poneva sul capo del soggetto. L'olio esposto al sole per alcune ore veniva somministrato ai bambini come ricostituente. Il decotto di foglie di ulivo si usava per fare gargarismi nei casi di infiammazione della gola, oppure bevuto prima dei pasti contro i reumatismi e la gotta.

Con il decotto delle foglie si seguivano anche lavande antidolorifiche e vulnerarie, per le ferite, le unghie incarnite e le ulcere. Quando qualche insetto penetrava nell'orecchio (incidente frequente per chi lavorava nei campi un tempo) e non si riusciva a estrarlo si usava riempire il condotto uditivo con olio di oliva inclinando la testa. Successivamente si reclinava la testa in senso opposto e si favoriva l'uscita dell'olio e dell'insetto.

Curioso era l'uso di trattare gli orzaioli facendo guardare il soggetto, digiuno, in una bottiglia d'olio.

Verza

È una pianta nota fin dall'antichità, attualmente diffusa in Italia soprattutto nelle regioni del centro Nord. Secondo un antico mito greco, il cavolo verza selvatico nacque dalle gocce sudate di Zeus ed era già utilizzata come pianta medicinale dai Greci stessi. In particolare, le donne che allattavano i loro bambini si alimentavano con il cavolo vera per assicurarsi di avere abbastanza latte.

I Romani trovarono altre virtù di questo ortaggio: veniva usato come antidoto, o addirittura come trattamento preventivo per l'ubriachezza e come disinfettante in caso di ferite sotto forma di impacco.

Come tutte le tipologie di cavolo (verde, bianco, rosso, Bruxelles,...) la verza è una pianta crocifera, cioè con un fiore a quattro petali, a forma di croce ed ha uno stelo con foglie verdi o grigie.

Si tratta di un ortaggio tipicamente invernale poiché essa viene raccolta solitamente da ottobre ad aprile.

Come molti vegetali, anche la verza è composta prevalentemente da acqua. Sono presenti, inoltre, proteine, fibre, ceneri, zuccheri, carboidrati e sali minerali. Contiene anche molte vitamine, soprattutto quelle del gruppo A, B ed E.

Questo ortaggio non contiene grassi, ha poche calorie ed è un alimento che viene spesso indicato dai dietologi per diete ipocaloriche. La presenza della vitamina C attribuisce alla verza un'utile azione di contrasto all'ulcera e, insieme ai sali minerali, permette di esercitare un effetto ricostituente e riequilibrante sull'organismo.

Ben note sono anche le proprietà diuretiche e lassative che si possono ottenere grazie al consumo di questo vegetale; la presenza della clorofilla, inoltre, ne rende consigliabile l'assunzione in caso di anemia.

Il succo crudo era bevuto contro i vermi intestinali. L'impacco delle foglie bollite veniva usato sulle parti infiammate. Le foglie bollite e spalmate di sugna o altra sostanza grassa, erano applicate localmente nei casi di nevralgie, sciatiche, lombaggini e dolori reumatici. In caso di slogature, si usava avvolgere la parte colpita con delle applicazioni fredde delle foglie più esterne.

Zucca

Pianta coltivata in tutta Italia e molto usata in cucina. Tutta la pianta trova svariati utilizzi come alimento in modo particolare i frutti, i fiori e i semi.

Un cataplasma di foglie o polpa di zucca veniva applicato come lenitivo

su ustioni, contusioni ed escoriazioni.

La polpa cotta e ridotta in poltiglia, con un poco di sale o zucchero era un rimedio utilizzato contro la diarrea ma sconsigliato per coloro che soffrono di gas intestinali. In casi di stitichezza si utilizzava berne il succo la mattina a digiuno. Un impasto ottenuto con i semi pestati, miele e scorza di arancia o limone veniva utilizzato come antielmintico per la tenia.

Bibliografia

Le Nostre Nonne si curavano così - Gabriele Peroni - Macchione Editore
Enciclopedia delle erbe medicinali - Tina Cecchini - Cairo editore.
Curarsi con la Fitoterapia, - Riza
Tuttogreen.it
wikipedia.it

Immagini

free copyrigth web e Pixabay.

COLTIVARE LA PROPRIA ENERGIA VITALE ATTRAVERSO LA MEDITAZIONE

A cura di Galli Samuel

L a Natura insegna: la Naturopatia è una via che permette il ritorno alla propria vera Essenza

Oggi vi parlerò di come fortificare la propria Energia Vitale attraverso la Meditazione

Quando si parla di meditazione sembra che si debba fare chissà che cosa...

Esistono tantissime forme di meditazione ma questo termine, secondo me, è stato un po' travisato nel corso del tempo. A volte la meditazione viene spiegata in questo modo: MEDITARE – L 'AZIONE che però potrebbe rimandare erroneamente al rimuginare, al pensare, al ragionarci sopra e questo non aiuta per niente.

Invece secondo me dovremmo usare questa parola: "ESSERCI "collegata anche al viversi ovvero l'essere coscienti, in piena presenza dell' ADESSO E DEL QUI ED ORA .

Ma cosa significa?

Vi spiego la mia visione:

ogni momento che passa è un costante ADESSO che trascorre.

Quello che è passato non esiste più, è solo un ricordo e ciò che sarà non lo possiamo sapere... Se ci concentriamo troppo sul passato e sul futuro rischiamo quindi di vivere di paure, ansie e rabbia mentre l'unica realtà certa è il momento presente.

Siamo in grado di accorgerci che siamo circondati dalla bellezza intorno a noi?

Sappiamo osservarla veramente senza nessun giudizio o aspettativa?

Cos'è il momento presente?

Il momento presente lo vivi nella vita di ogni giorno: è il susseguirsi di ogni respiro.

Questo ci accade secondo per secondo, intanto che portiamo a spasso il cane, intanto che facciamo la spesa, in ogni azione quotidiana;

quante cose succedono e non ce ne accorgiamo;

si susseguono in continuazione una sequenza di accadimenti uno dopo l'altro e li stiamo vivendo nello stesso momento tutti insieme: una farfalla che si appoggia su un fiore in estate, il buon giorno del canto di un uccellino, l'aiutare il collega di lavoro o il ricevere una torta di mele dal vicino di appartamento, il godersi una camminata sul lago. Ma nel nostro costante presente ci sono anche le cose che ci piacciono di meno come la perdita di qualcuno che amiamo o improvvisi cambi di vita che non ci saremmo mai aspettati.

Quante cose si succedono in un istante?

Infinite e accadono tutte insieme e nella maggior parte dei casi mentre rimaniamo aggrappati alle nostre ansie e preoccupazioni riferite ad altro, non abbiamo la lucidità di affrontare ciò che ci accade adesso con spirito di meraviglia, presenza ma senza escludere anche la disperazione perché anch'essa fa parte della vita, l'importante è fare in modo che non si attacchi a noi ma, ad un certo punto, poter lasciarla andare

L 'unicità di questo istante non capiterà mai più così com'è ed è forse arrivato il momento di goderselo un po': aiutiamoci allora a prenderci degli spazi per noi stessi!

Il motto della *Komyo Reiki Do* è *"una tazza di tè una tazza di illuminazione"*: ogni gesto che compiamo è una preziosa opportunità verso l'illuminazione e la piena coscienza dell'esserci. Quante volte lo facciamo? Nella cultura occidentale siamo spesso di fretta e così ogni gesto viene fatto in automatico, senza pensarci. E allora perché invece non rendere ogni momento una possibilità in più verso la presenza?

In Occidente, rispetto alla cultura orientale, abbiamo l'abitudine di bere il caffè che però può trasformarsi nel momento della pausa, della pace, delle chiacchiere tra colleghi, esattamente come la nostra tazza di tè verso l'illuminazione. Questo significa che ogni adesso della nostra vista ci addestra verso la presenza.

Per esempio: il caffè che bevi al bar, te lo godi quel caffè? Oppure pensi alle cose che devi fare dopo quel caffè? Ci penserai dopo a tutto ciò che vuoi fare, adesso goditi il momento e assapora il suo gusto!

Ogni gesto della nostra vita diventa così una meditazione e un modo per creare il nostro spazio personale. Quello spazio si chiama VUOTO MENTALE: creare un foglio bianco senza pensiero perché il fine di ogni meditazione è lasciare che si svuoti la MENTE.

Purtroppo accade molto spesso che si pensi ad altro in continuazione ed è tra l'altro quello che alla Mente piace fare di più ovvero cercare di sabotarci e portarci in continuazione da una parte all'altra, senza sosta e riposo.

Molto spesso alla MENTE piace fare questi salti tra il PASSATO e il FUTURO.

E così ci dimentichiamo del momento

PRESENTE

Il momento presente lo VIVI, lo Sei

Siamo molto di più di quel che crediamo e possiamo sperimentarlo attraverso la PRESENZA nella nostra vita.

Il VUOTO MENTALE è uno strumento tramite il quale non siamo in balìa di un pensiero, un ricordo, una pausa, ma SEMPLICEMENTE SIAMO ciò che c'è ora.

1) Molto spesso ci identifichiamo con gli eventi successi o che devono ancora accadere, azioni fatte, azioni ricevute, ruoli che abbiamo dovuto recitare per un determinato periodo della vita, esperienze vissute e mancate. Lentamente, andando avanti con gli anni, succede che ci si possa identificare con l'evento stesso ripetendosi:

"IO HO detto IO HO fatto" ecc… Ma noi nel frattempo siamo cambiati, non siamo più lì… chi siamo diventati? E' questo che ci dovrebbe interessare.

2) Un'altra cosa che alimenta la MENTE sono tutte le preoccupazioni, le ansie, le paure, il non sentirsi mai all'altezza… Sono tutti modi per auto intralciarci, tutte queste emozioni esistono ma vanno vissute, accettate per poi andare oltre. Accettare la paura significa vestirsi di quella sensazione e farla nostra conoscendo e scomponendo tutte le limitazioni che ci facciamo, in modo che possa subentrare il coraggio molto vicino all' anima che comunica sempre quello che è giusto per noi.

Se ci prendiamo la responsabilità del nostro sentire andiamo oltre la Paura momentanea.

3) Siamo responsabili del nostro sentire con i SI e con i NO che diciamo ogni giorno? Prendiamo tante decisioni ma siamo in grado di fare una determinata cosa perché la vogliamo veramente oppure siamo condizionati dal mondo esterno?

Durante la vita si fanno continuamente delle scelte, dalle più banali a quelle importanti: prendere il caffè o il tè, andare o non andare in una certa direzione, cambiare lavoro perché non è più quello che fa per noi, lasciare o ritrovare una persona e molto altro.

Quello che si sta facendo è con il cuore e ci riempie di energia?

4) Molte delle scelte che compiamo sono legate ai programmi giornalieri che sono molto importati per la vita di ognuno di noi e che ci fanno vivere in questa nostra società. A volte però ci identifichiamo troppo in queste situazioni, ruoli, titoli ricevuti e lasciamo che quella scritta ci dia la possibilità di descriverci e spiegare al mondo chi siamo.

Ma non è così. E' fondamentale andare e vedere oltre, affidandoci all'intuito che sa quello che fa bene alla nostra ANIMA.

Possiamo "aggiornare" in continuazione chi siamo e un mio consiglio è legato al FARE: l'azione ci identifica. La vita è per la maggior parte azione e non continuo pensiero e l'azione è legata al presente.

5) IO (personale profondo interiore) e gli ALTRI. Durante la nostra vita

ci troviamo ogni giorno ad interagire con diverse persone: colleghi, familiari, clienti …. ci sono momenti in cui si riesce ad avere delle conversazioni molto brillanti ma può capitare di non andare d'accordo e anche qui la MENTE può farsi sentire. In che modo?

Ad esempio quando siamo in una situazione in cui ci arrabbiamo e vogliamo aver ragione a tutti i costi. Il fatto che ci arrabbiamo è sempre la MENTE che cerca di difendersi e molto spesso è la reazione al fatto che si sente toccata in un punto che conosciamo bene nel profondo e suo quale forse dovremmo lavorare ma invece rimandiamo e facciamo di tutto per non vederlo.

Basterebbe provare a vivere quella sofferenza o disagio momentaneo, accoglierlo e allentare la presa. Imparare a vedere noi stessi con sincerità ci può portare alla crescita e a riprenderci i pezzetti di anima che forse abbiamo perso, un passo in più verso l'AMORE.

Bene…questi sono solo alcuni consigli basati sulla mia personale esperienza e sul mio sentire e che mi hanno aiutato ad avvicinarmi al benessere di ANIMA, CORPO e MENTE.

ORA, vorrei parlarvi della meditazione e proporvene una "guidata-visualizzata" divertitevi!

Grazie mille dell'attenzione e buona Meditazione

Meditazione

E' importante concedere del tempo per sé stessi e iniziare ad entrare nel proprio spazio personale.

Un luogo nostro dove essere soli, in silenzio, davanti a noi stessi senza bugie ma con serenità.

Solitamente ci si siede a terra su uno zafu (è un cuscino usato dai monaci durante la meditazione) oppure un materassino ma se non è possibile va benissimo anche su una sedia. L'importante è mantenere una postura dritta, ammorbidendo le spalle e lasciando andare le tensioni giornaliere.

E' importante scegliere un luogo silenzioso e appartato; possiamo trovarlo nella natura oppure in un posto che per noi è l'ideale per ritagliarci un angolo tutto nostro.

La prima difficoltà sono sempre i pensieri che ci portano altrove ma anche il corpo stesso che fatica a stare fermo per troppo tempo: sono avvisi della Mente che ci ricorda che c'è e che fa fatica a lasciare la presa. Ma va bene così, è normale, diamoci del tempo, anche la meditazione è un allenamento che andrebbe ripetuto con costanza e pazienza ogni giorno.

Bene, godetevi questa meditazione visualizzata, a me personalmente ha aiutato a rilassarmi e a calmare tutto ciò che è pensiero, paure e limitazioni che mi sono posto e a risvegliare il coraggio di passare all'azione riscoprendo l'energia dell'amore.

Grazie dell'ascolto Buona Vita a Tutti

Meditazione per il rilassamento corpo-mente -spirito

Posizione = seduto a terra con le gambe incrociate in una posizione comoda /su una sedia con la schiena ben appoggiata alla spalliera / sdraiati a terra.

Scegli la situazione che più preferisci e nella quale ti senti a tuo agio.

Chiudi gli occhi e lascia andare il tuo corpo, rilassa i muscoli immaginando di ammorbidire eventuali tensioni.

Senti la testa, lascia andare tutti i pensieri che ti vengono in mente... è il momento di godersi la tranquillità

chiudi gli occhi, senti le palpebre che si rilassano senza sforzo

ispira dal naso, senti il passaggio dell'aria e tutto il nuovo che entra e riempie i polmoni fino al loro limite, si gonfiano e poi lascia andare l' aria attraverso l'espirazione dalla bocca

inspira il nuovo ed espira il vecchio

fai questo esercizio per 8 volte

focalizza l'attenzione sui polmoni e sul respiro

tieni il ritmo personale della respirazione come riferimento

ora porta l'attenzione al cuore, rilassa il cuore e senti il suo battito

porta l'attenzione allo stomaco, rilassa lo stomaco

porta l'attenzione ai reni, rilassa i reni

porta l'attenzione alla milza, rilassa la milza

porta l'attenzione all'intestino, rilassa l'intestino

porta l'attenzione alla pancia, alla zona che si trova circa due dita sotto l'ombelico, rilassa quel punto

porta l'attenzione all' avambraccio, rilassa l'avambraccio

porta l'attenzione al braccio, rilassa il braccio

porta l'attenzione alla mano, rilassa la mano

porta l'attenzione alla parte superiore della gamba, rilassa questa zona

porta l'attenzione al ginocchio, rilassa il ginocchio

porta l'attenzione alla parte inferiore della gamba, rilassa questa zona

porta l'attenzione al piede, rilassa il piede

E ADESSO:

diventa un tutt'uno con il tuo corpo

diventa un tutt'uno con l'ambiente, lasciati andare

ti senti???
sei UNO
sprofonda nella tranquillità
sei un tutt'uno con l'universo e con il cosmo
sei un tutt' uno con la natura
abbraccia la felicità
abbracciati
sii gioia
sii amore
te lo meriti
goditi questo momento
con te e soltanto te

LENTAMENTE e con i tuoi tempi inizia a sentire nuovamente il tuo respiro e il tuo corpo
fai dei piccoli movimenti per muovere il tuo corpo con dolcezza
senti le dita dei piedi
ora passa alle gambe, muovile con delicatezza, lentamente
ora senti le braccia
sempre con delicatezza, muovile
in ultimi apri gli occhi…Benvenuto! Alzati con molta calma.

QR code per audio sulla meditazione corpo-mente-spirito:

Figura 1 - QR Code Meditazione corpo mente spirito

Figura 2 - Nell'immagine qui sopra un Mandala che, in diverse culture, è uno strumento per la meditazione.

Immagini

Free Copyright e foto personali di Galli Samuel.

GUARDA CHE QI CHE C'HO!

Approccio energetico-emozionale del qi gong

A cura di Machalska-Isacchi Ewa

Sono Mamma, Naturopata, Allenatore di Qi Gong, Insegnante Reiki e Advanced NLP Master Practitioner. Sono sempre stata appassionata del benessere, della natura e delle potenzialità del nostro corpo e della nostra mente.

Arrivo dal mondo dell'industria, progetti, formazione, processi, persone, ergonomia. Una meccanica studiata riportata adesso al corpo e mente delle persone con una consapevolezza maggiore di maggiori fonti di squilibrio.

Mi piace raccontare che sono figlia di un Samurai. Difatti per qualche anno da ragazzina ho seguito mio Padre sulla via e nei viaggi, scoprendo un mondo meraviglioso. Sembrava un mondo non fatto proprio per me. Poi, dopo più di 20 anni, la vita mi ha portato ad esplorare di nuovo il potere delle discipline bio naturali e delle arti marziali. La scoperta piacevole è stata, che il corpo si ricordava tutto. Anzi, il corpo gioiva della ritrovata via.

Passo per passo mi sono ascoltata e questa volta ho seguito il cuore. Dalla naturopatia mi sono radicata nel Qi Gong. Voglio raccontarvi la forza ritrovata in questa arte.

"L'insegnamento dei samurai si rivolge a tutti noi ed è un esempio da seguire praticare è più importante di conoscere solo la teoria perché le sono idee per quanto sagge non cambiano la nostra vita i samurai si esortano a scoprirlo per esperienza diretta e non ci danno dogmi in cui credere ma modelli ai quali guardare la vita e adesso se vogliamo viverla in modo vero dobbiamo entrare in connessione con il momento presente." [bushido per donne guerriere]

Il Qi Gong è una disciplina millenaria, che sin dai suoi inizi aveva come scopo la vitalità e la prevenzione della creazione di squilibri nel corpo

La mia storia personale, mi ha portato a scoprire questa meravigliosa arte dopo vari tentativi di trovare gioia e forza in diverse arti. Molto rapidamente è diventata una parte integrante del mio percorso di crescita come persona e come operatore di naturopatia. In questo scritto voglio raccontarvi alcuni aspetti del qi gong, che sono focali per me.

Voglio portarvi in un viaggio attraverso i centri energetici, che sono le parti del nostro corpo coinvolte nel coltivare la vitalità, alcune posizioni che sono funzionali nella quotidianità per veloci ricariche e anche in situazioni di debolezza che possono instaurarsi. Vi guiderò attraverso l'elemento e l'emozione che sono collegate ai reni, la sede della nostra vitalità.

Con una semplice comprensione di come si giocano le dinamiche di un corpo vitale e cosa possiamo fare, vi proporrò semplici strumenti che potrete usare da subito e sperimentare in maniera semplice.

Gli strumenti esposti in questo scritto non sono da intendersi sostitutivi di cure mediche già in atto. Io non sono un medico, quindi anche le affermazioni che vi guideranno nel percepire il vostro corpo non equivalgono ad una diagnosi nel senso medico. Il tutto può essere tranquillamente integrato in terapie e percorsi già in corso.

Come siamo fatti?

Comunemente siamo molto concentrati sulla percezione fisica del nostro corpo, sui muscoli, ossa e le varie funzioni legate agli organi.

La medicina cinese ci porta a considerare il corpo da un'angolatura diversa. Difatti muovendo il corpo non muoviamo solo sangue, muscoli, ossa. Nel nostro corpo vi è una rete di canali che distribuisce l'energia nelle varie funzioni. Oltre alla rete di meridiani ci sono dei punti specifici, che dal punto di vista energetico sono di essenziale importanza.

Vengono chiamati i tre tesori.

Tante persone si stupiscono quando parliamo del Qi, dell'energia. Mi piace portare l'attenzione di queste persone ad un semplice fatto: il nostro cuore, se ci pensate, ha un suo campo elettromagnetico, quello che viene misurato quando facciamo l'elettrocardiogramma, o quello che 'viene riavviato' con un defibrillatore in caso di bisogno. I nostri muscoli funzionano, si contraggono e si rilassano, in base a degli impulsi elettrici che viaggiano sulla rete del nostro sistema nervoso. Sempre più scienziati biologi, come ad esempio B. Lipton, ne parlano e ne scrivono apertamente, perché si sono resi conto che le membrane delle nostre cellule sono dei semiconduttori.

Pensate la meraviglia e il genio degli antichi, che sapevano spiegare e fidarsi di questi concetti, senza poterne averne la prova 'scientifica'

Il concetto del Qi - l'energia è stato spiegato in tantissimi scritti.

Nell'ideogramma Qi, il radicale in alto a destra indica il vapore che sale verso l'alto, il radicale in basso a sinistra indica il chicco di riso, ossia il cibo: quindi il Qi è il movimento dello yin (il cibo e la Terra) e dello Yang (l'aria ed il Cielo). In realtà, infatti, il radicale in alto in origine indicava la nebbia che saliva in cielo e formava le nuvole. Il Qi non è visibile direttamente, ma la sua esistenza è percepita come le nuvole che si espandono nel cielo.

Il Qi è la rete di comunicazione tra tutte le parti del nostro corpo, è l'energia che lega le informazioni ed il substrato materiale. Il Qi struttura l'organismo, lo rende coeso, consente agli organi di rimanere al loro posto ed al Sangue di scorrere, è il veicolo delle nostre attività con l'ambiente e della nostra vitalità psichica

[tratto da www.salutemigliore.it]

Figura 3 - Ideogramma cinese di QI

Tutto inizia dal Ming Men, tradotto come La Porta della Vita o La Porta del Destino, esso è il luogo dove si forma la vita, dove essa si crea e si genera in ogni istante.

L'ideogramma ming indica un comando che va eseguito, un proclama coi doveri di ciascuno; è il proclama del Cielo e l'uomo deve rimanere fedele alla natura che gli è stata affidata. Ognuno deve seguire questa sua dotazione naturale e portare a compimento la sua vita. Destino quindi, è la forza vitale individuale: la Porta del Destino (Ming Men) è il luogo dell'organismo dove ha inizio la vita.

Nel dizionario di L. Wieger si legge: "nel linguaggio filosofico, (Ming Men) rappresenta l'ordine per mezzo del quale il Cielo chiama l'uomo all'esistenza e attraverso il quale fissa a lui un destino". [tratto da www.salutemigliore.it]

Questa è l'energia che ci viene data per nutrire la nostra crescita e il nostro essere, sia emotivo, sia fisico. Nasciamo tutti con lo stesso potenziale? Per una serie di motivi no. Abbiamo tutti le stesse possibilità per rendere la salute migliore attraverso la consapevolezza di ciò che succede nel nostro corpo? SI!

La consapevolezza, quella consapevolezza, nella quale vi siete resi conto di quante volte vi sono mancate le energie per realizzare le cose a cui tenete, in ogni campo della vita, e non sapevate come ricaricare la vostra energia ed avere il corpo più responsivo. Sembra non essere così ovvio e facile, come può essere andare a mettere il carburante nel serbatoio della propria automobile. Sembra di essere costretti a vivere in un corpo con un motore di bassa cilindrata, senza la possibilità di fare tuning e tirare su la cilindrata.

E se io vi dicessi che è possibile? La curiosità non vi porta ad esplorare nuove possibilità, tra l'altro anche molto semplici da raggiungere?

Partiamo dal capire perché la nostra energia non è infinita. Purtroppo, non siamo un perpetuum mobile. Essendo un sistema che viaggia su correnti, non solo di pensieri e emozioni, ma anche su impulsi interni che dal sistema nervoso attivano il movimento e le funzioni nel nostro corpo, come ogni elettrodomestico, dobbiamo metterci in carica.

La nostra fonte principale di energia sono i reni, il ming men, che però è collegato con gli altri centri energetici nel nostro corpo. Se quello fisico (tantien) e quello emotivo non vengono nutriti in maniera corretta e consapevole il nostro corpo attinge all'energia necessaria a portarci avanti nella vita da quella dei reni. Che cosa succede quando il pacco batterie è a secco? Vi lascio in sospeso questa domanda. Intanto vi guido alla scoperta di ciò che realmente possiamo fare, con semplicità, nella nostra vita quotidiana.

Spostate la vostra attenzione sullo spazio che si trova tre dita sotto il vostro ombelico. Nella zona del basso addome, in corrispondenza con il secondo chakra, si trova il tantien, la sede della nostra energia fisica. Tradotto significa "Il campo di cinabro", è il posto dove l'energia viene immagazzinata e da dove viene distribuita in tutto il corpo, cioè a tutte le macchine. Si riempie per magia? Si svuota in maniera incontrollata? Che cosa possiamo fare per avere un tantien dove l'energia buona abbonda sempre? E soprattutto che cosa possiamo fare per assicurarci un flusso di energia ininterrotto dal tantien a tutte le funzioni del nostro corpo?

In qualsiasi posizione vi troviate potete per un paio di minuti socchiudere gli occhi, portando le vostre mani davanti allo spazio tre dita sotto l'ombelico. Li, immaginate un palloncino di luce argentea fluttuare e brillare. Potete raffigurarlo come volete, teso o stropicciato, pieno o mezzo vuoto, luminoso od opaco. E' Importante che nella vostra mente riconosciate questo palloncino come il vostro serbatoio di energia fisica, che vi nutre e sostiene. Non chiedetevi se ciò che vedete e sentite e giusto o sbagliato. La cosa più importante è che voi siate concentrati sulla forma, grandezza, densità e colore di questo spazio, e che percepiate come ogni respiro, ogni volta che l'aria entra ed esce dal vostro corpo, ogni volta che la pancia e i polmoni si gonfiano e si sgonfiano, ecco che quello spazio vi trasmette maggiore forza e sicurezza. Fatelo anche solo per 5 minuti… poi per 8, 9 minuti, quando potete e quando volete.

Notate gli effetti sul vostro fluire della giornata e sui vostri atteggiamenti. Ricordando sempre che non esiste né giusto né sbagliato. Esiste il vostro modo di essere in ogni attimo presente.

Quando avrete esplorato abbastanza la semplice respirazione e avrete scoperto di poter riconoscere il vostro livello energetico in ogni attimo che scegliete, ecco che possiamo iniziare a lavorare più in profondità.

Respirare quindi abbiamo visto, non è solo fare entrare ed uscire aria dal nostro corpo. Come scopriremo in seguito, attraverso la breve introduzione agli elementi o, meglio, le fasi, che la MTC (Medicina Tradizionale Cinese) considera, e a cui attribuisce vari organi e funzioni, respirare è tutto. E' Il catalizzatore dei processi nel nostro corpo, quelli che fanno funzionare 'la fabbrica'. Quell'aria che entra, si trasforma in nutrimento e permette di distribuire altri nutrienti nel nostro corpo, che poi uscendo espelle i residui, dai polmoni ma anche dall'intestino.

Voi siete realmente capaci di respirare bene? Siete sicuri? Solo quando questo processo funziona bene possiamo essere tranquilli e il nostro centro di energia è forte. Per sperimentarlo ed allenarlo vi propongo due tipi di respirazione o, meglio, tre considerando la combinazione delle prime due:

Inspira Gonfia la pancia, Espira sgonfia la pancia

Il primo è apparentemente facile, perciò vi chiedo di prestare molta attenzione alle sensazioni e alle difficoltà che riscontrate. Sembra così scontato dire - 'inspira contando fino a 5 e gonfia bene la pancia fino al sotto dell'ombelico, e poi espira contando fino a 5 lasciando uscire tutta l'aria dal corpo'.

La respirazione nel qi gong è molto importante e avviene dal naso. Il resto è sentire. Il respiro ci nutre con ossigeno, portando soprattutto ossigeno al cervello e poi nutrendo tutti gli altri tessuti e organi, questo lo sappiamo tutti.

Una cosa però che ho notato nella mia esperienza personale, con i miei bimbi, con i clienti del mio studio e con i miei allievi è, che non viene considerato un organo molto importante nella respirazione: il diaframma. La coordinazione di questo organo nell'abbinamento a pensieri o movimenti (quindi alla vita se ci pensate bene) non è per nulla scontata.

Siete riusciti ad arrivare a cinque con il respiro e portarlo sotto l'ombelico già alla prima volta? Se si, vuol dire che siete già un passo avanti. Altrimenti vi suggerisco di prendere la buona abitudine di fare cinque respirazioni così ogni sera, prima di addormentarvi, ascoltando il vostro corpo. E poi vedrete i cambiamenti che accadono, non da soli e grazie all'attenzione che portate ad una funzione fondamentale per il nostro essere. La respirazione che vi ho appena proposto serve soprattutto per rilassare e rilasciare la tensione. Serve anche per distendere il diaframma, che migliora il funzionamento degli organi interni e scioglie le tensioni della schiena alta.

Inspira - tira dentro la pancia, espira butta fuori l'aria e pancia ed espandi.

Abbiamo già compreso che la respirazione non è solo l'aria che entra ed esce. Già dopo il primo esercizio penso che abbiate potuto osservare quante parti differenti del corpo sono coinvolte, e quanto benessere si può ricavare per il nostro corpo da una respirazione eseguita correttamente.

Adesso vi propongo quello che io giocosamente chiamo una respirazione al contrario. Quindi inspirate contando fino a cinque e contrate la pancia mentre inspirate, ed espirando contate fino a cinque ed espandete la pancia. Sentite come attraverso la contrazione e la distensione dei tessuti addominali avviene un massaggio di tutti gli organi interni, affluisce più sangue e anche l'energia in quella zona, e di conseguenza in tutto il corpo, scorre più liberamente.

Questo esercizio è un auto trattamento in cui con facilità possiamo massaggiare tutta la parte addominale, quindi organi principali come fegato, milza e reni. Anche il cuore lavora con più forza in questo modo, contribuendo al libero fluire del sangue nel corpo, che è direttamente connesso e responsabile al corretto funzionamento del nostro sistema immunitario.

Inoltre, con questa semplice pratica andiamo a 'pompare' l'energia, il qi nella zona del nostro tantien, rafforzando quello che è la nostra zona centrale.

l'intreccio delle due.

Non finisce qui la scoperta del potere del respiro.

Quando seguite allenamenti in palestra per rendere il vostro corpo più forte e i muscoli più tonici e strutturati, come si svolge l'allenamento? Un allenamento ben strutturato che vi porta ad avere risultati stabili nel tempo di solito si compone di esercizi che lavorano su forza, cardio e poi alla fine stretching, per allentare il muscolo e renderlo elastico nella sua forza, in modo che riesca a passare dallo stato di tensione allo stato di rilassamento in maniera fluida e compatibile con la necessità del momento. Lo stesso vale anche per il nostro corpo, tutto il nostro corpo.

Quindi intrecciate i due esercizi che abbiamo appena visto, come se fosse un allenamento in palestra. Che nutre e rafforza, e soprattutto allena il corpo a reagire in modo flessibile e prevedibile ai fattori esterni che possono creare squilibri temporanei sul piano energetico o salutare.

Potete, per esempio, ripetere il primo esercizio per dieci respiri, poi il secondo per cinque respiri e fare la ripetizione per 4 cicli alternando uno con l'altro.

Sicuramente dopo sentirete un grande rilascio di tensioni muscolari e un rilascio della stanchezza mentale.

Tutto parte dalla mente, come insegna il reiki, ma anche il flusso dei meridiani nel corpo conferma l'intreccio tra la tensione mentale e la salute del corpo. Vi racconterò i dettagli più avanti, quando ci immergeremo nelle 5 fasi e le emozioni.

Che cosa si muove e ci muove?

In tutto questo, con tutte queste domande, volontariamente ho coinvolto non solo il vostro sentire, ma anche la mente e il cuore. Avete notato, che tutto ha cominciato a muoversi, ancora prima che ci mettessimo a fare qualsiasi esercizio?

E non per un caso fortuito. La nostra energia fisica, quella immagazzinata nel tantien, si ricarica da ciò di cui noi la nutriamo. Il nutrimento avviene a diversi livelli: ci nutriamo di cibo (e io non parlerò di alimentazione qui, però vi invito di interrogarvi sinceramente su quanto siete bravi a dare cose buone al vostro corpo), di respiro e dell'aria che respirate, di emozioni e di pensieri (i pensieri di cui riempiamo la nostra mente muovono emozioni dentro di noi, e in base alla qualità di essi, l'energia si nutre o si consuma).

Adesso che lo abbiamo sentito - entriamo nel dettaglio del tantien (o dantian).

Figura 4 - Ideogramma del danti

Il primo carattere ("dan") può essere tradotto in inglese come "rosso", "cinabro" o "pillola". La medicina tradizionale cinese vede il cinabro (una forma di mercurio) come un elisir che prolunga la vita. Ancora oggi, i composti del mercurio vengono somministrati, a volte sotto forma di pillole, a pazienti che ricevono trattamenti tradizionali cinesi. Il cinabro è rosso vivo ed è ancora usato per fare l'inchiostro. Gli inchiostri di altissima qualità per i sigilli cinesi sono realizzati con cinabro.

Il secondo carattere, "tian", significa "campo" o, più specificamente, "campo di riso". Non esiste una sola traduzione inglese di dantian. L'ho visto tradotto come "campo di elisir", "campo rosso", "campo di pillola" e "campo di cinabro". Tutte queste traduzioni connotano un'area (campo) che produce qualcosa di benefico per la vita.

Secondo il pensiero taoista, ci sono tre dantian:

- il dantian inferiore, situato a circa due-tre pollici sotto l'ombelico;
- il dantian medio, situato all'incirca al cuore;
- il dantian superiore, situato tra gli occhi.

I diagrammi del dantian spesso danno l'impressione che risiedano sulla superficie della pelle. Tuttavia, si trovano all'interno del corpo, come si può vedere nella figura seguente (i cerchi più piccoli si riferiscono ai punti di agopuntura).

I dantian hanno un significato critico nel concetto taoista di qi ("energia vitale"). Sono visti come aree in cui il qi viene generato e immagazzinato e attraverso le quali il qi viene fatto circolare in tutto il corpo. I ruoli che i dantian giocano nella creazione e circolazione del qi sono particolarmente importanti nelle tradizioni cinesi di naidan ("alchimia interiore"), medicina, qigong, meditazione e arti marziali.

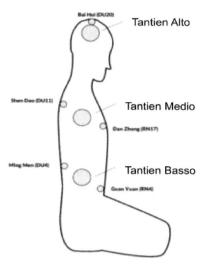

Bai Hui (DU20)
Tantien Alto

Shen Dao (DU11)
Tantien Medio
Dan Zhong (RN17)

Ming Men (DU4)
Tantien Basso
Guan Yuan (RN4)

Figura 5 - Il posizionamento dei tantien

Sebbene ci siano tre dantian, quello inferiore gioca di gran lunga il ruolo più importante nella generazione e nella conservazione del qi. Per questo motivo, il dantian inferiore è talvolta indicato come il "dantian vero e proprio" e il termine "dantian" di per sé si riferisce tipicamente a quello più basso. Nella mia esperienza, questo è particolarmente vero nelle tradizioni giapponesi. Tanden, la pronuncia giapponese del carattere per dantian, si riferisce quasi sempre esclusivamente al punto sotto l'ombelico ed è situato all'interno dell'hara. *[tratto e tradotto da: https://haradevelopment.org/2020/12/08/the-three-dantian/]*

Arriviamo così ad introdurre il terzo tesoro - lo SHEN, considerato lo spirito. Vorrei chiarire subito che non è mia intenzione andare in conflitto con nessun dogma religioso, intendo semplicemente riportare la vostra attenzione a ciò che è indubbiamente un elemento indispensabile perché la vita nasca: la particella divina. Lo shen, anche se è quello più difficile da spiegare, è proprio questa nostra parte tra l'emotivo ed il mentale, che ci ricollega alla nostra origine e quindi incide sul nostro campo energetico, spirituale o aurico. Il bello delle pratiche di Qi Gong in questo ambito è che ognuno di noi può trarre benefici dalla pratica, ai livelli a cui si sente a suo agio di riconoscere la sua azione.

Lo SHEN, per come l'ho inteso, si gioca tra tre punti sul nostro corpo, sui quali durante la pratica si pone l'attenzione.

Proviamo a sentirli insieme. Per farlo dobbiamo prendere consapevolezza di due canali (meridiani) estremamente importanti: vaso concezione, che scorre davanti, responsabile del nostro presente e del nostro futuro, e vaso governatore, il nostro passato, ciò che ci governa.

Su queste due linee, rappresentate in senso figurato in Figura 6, ci sono alcuni punti che voglio prendere in considerazione.

Il primo sul quale voglio porre la vostra attenzione e il punto VC 17, Shan Zhong, (centro del torace) chiamato anche Dan Zhong (centro del petto), localizzato al centro del petto, all'altezza dei capezzoli. Un punto che regola il QI elimina la sensazione dell'oppressione e rilassa l'addome, favorisce la discesa dell'energia. [Atlante di Agopuntura]

Il secondo è Yin Tang che corrisponde al terzo occhio, e si trova in mezzo alle sopracciglia, un punto extra meridiano. In alcuni testi. in questo punto si insedia la "cavità ancestrale" tra e dietro gli occhi", la sede in cui far tornare lo shen (viene spiegato più avanti). Concentrarsi su Yin Tang abbastanza a lungo significa

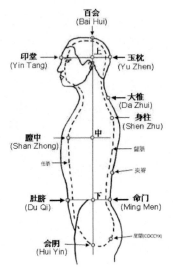

Figura 6 - Punti energetici disegno dettagliato, tratto dal materiale corso Zhineng Qi Gong, Da Cuore a Cuore

coltivare la Xing, la Natura Essenziale. Spesso collegato al punto Ming Men, questi due sono un duale da integrare.

E' il punto in cui si raccolgono i doni che la vita ci ha fatto e si lascia andare quello che non occorre più. Serve a crescere, serve ad essere. [da www.sorrisointeriore.it]

Il terzo e Vaso Concezione (VC) 4, Guan Yuan, Barriera dell'essenza vitale. Tonifica il qi dei reni, quindi giova al Qi innato, inoltre regola e controlla e favorisce l'abbassamento di un eccesso di Yang, prevenendo in questo modo i ristagni di energia nel centro basso.

Sono punti che è importante sentire e conoscerne il significato energetico, così come la loro funzione.

Ce ne sono altri meritevoli di essere richiamati.

Il primo di cui vi voglio raccontare qui è Bai Hui - la cima della nostra testa, Vaso Governatore (VG) 20, le cento riunioni, localizzato al centro della linea che congiunge gli apici delle orecchie sul vertice della testa. Quel punto, che tira verso l'alto la nostra parte celeste, mentre immaginate un filo che vi tira verso il cielo quando inspirate . Viene considerato in relazione ghiandola pineale, responsabile del controllo della crescita e della regolazione della funzione endocrina surrenalica, gonadica e tiroidea; il punto è anche in relazione con l'equilibrio, concentrarsi su questo punto fa salire il Qi del corpo verso l'alto.

[tratto da https://cinaedintorni.wordpress.com/2020/10/23/agopunti-importanti-nella-pratica-del-qigong/]

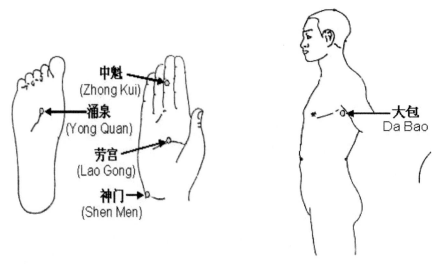

Figura 7 - Rappresentazione grafica di alcuni altri punti

In sequenza voglio che consideriate il Du Qi - il nostro ombelico, è il centro di conservazione e accumulo dell'energia interna, punto di accesso al dantian inferiore. In molte pratiche viene usato come base di massaggio per racchiudere l'energia, il Qi coltivato durante l'esecuzione dei movimenti.

Spostate quindi la vostra attenzione al centro del palmo della mano, esattamente dove cade il dito medio quando chiudete il pugno - Lao Gong - Ministro del Cuore (MC) 8 - il palazzo del lavoro, che è considerato anche un chakra minore. Il nome cinese di questo punto è Lao Gong, ed è l'ottavo punto del meridiano del Pericardio. "Gong" significa palazzo e "Lao" significa lavoro o fatica; quindi il nome punto viene spesso tradotto come "palazzo del lavoro" o "palazzo del lavoro". Il pericardio 8 potrebbe essere stato nominato "palazzo del lavoro" per una ragione molto banale: perché le mani sono la parte del corpo frequentemente utilizzata per il lavoro manuale. Una spiegazione un po' più interessante è che il cuore è la residenza dell'imperatore di tutto lo shen. Poiché il pericardio è il sacco che racchiude e protegge il cuore, possiamo pensarlo anche come il "palazzo" del cuore (e dell'imperatore), il cui lavoro (cioè, il lavoro) è di confortare e proteggere il re.

Scendiamo giù sotto la pianta del piede, al Yong Quan - Rene (R)1 di cui nome significa 'Fontana gorgogliante', si trova nel centro del piede, nel punto più incavato del piede, sull'incontro dei due cuscinetti. Il punto da cui in alcune pratiche si immagina lo spuntare delle radici, per il nutrimento dall'energia della terra e per il radicamento, che porta all'equilibrio. A questo livello il Qi del Rene fluisce verso l'alto come se provenisse da una fontana, e si riversa in tutto il corpo fino al dantian inferiore.

Mi sono ostinata negli anni di ricerca a trovare tutte le informazioni sul significato di questi punti, e non ho ancora trovato un posto, un libro, un blog, dove avessi avuto la percezione di essermi saziata di informazioni. Trovo estremamente importante avere una comprensione al meno base del significato di alcuni punti sul nostro corpo perché è ciò che rende la pratica del Qi gong per la nostra energia più efficace. In primis perché così come possiamo scegliere di vagare nelle preoccupazioni del giorno e non essere presenti durante la pratica, possiamo scegliere il tipo di pensieri, come contemplare e sentire il cambiamento nel corpo che avviene a più livelli durante la pratica. Attraverso la concentrazione portiamo attenzione e intenzione.

Attenzione significa nella sua origine dal lat. attentio -onis, der. di attendĕre 'volgere l'animo a qualcosa' •fine sec. XIII .

Intenzione significa nella sua origine dal lat. intentio -onis, der. di intendĕre «tendere, rivolgere»; il sign. 4 si riconnette con intendĕre nel sign. di «capire»]. – 1. a. Orientamento della coscienza verso [...] o ciò che si vuol compiere; con sign. simile, è nelle mie, nelle nostre i., ecc. [treccani.it]

Concentrazione invece significa 1. a. L'azione di radunare, di far affluire o convergere in un punto o in una zona ristretta più persone o più cose o elementi della stessa natura, allo scopo di riunire ciò che prima era disperso o diffuso, o per ottenere un determinato effetto. [treccani.it]

Inteso questo concetto di attenzione, intenzione e concentrazione, durante la prossima pratica che vi propongo in questo viaggio, dirigete la vostra mente con questa consapevolezza, attraverso il respiro nei punti indicati. Nutrite il vostro Qi e notate come con ogni passaggio il corpo si allinea, rilassa e rafforza sempre di più.

Adesso socchiudete gli occhi, con qualche respiro portare la vostra attenzione sui seguenti tre punti e sentire l'effetto che fa.

Seguite semplicemente la sequenza delle Figura 8:

Ripetete il ciclo di respirazione sui tre centri per almeno 9 volte. Che cosa avete osservato?

Anche se ognuno di questi punti e importante e deve essere in equilibrio, non otterremo mai un risultato ottimale, se non impariamo a sentire quando sono in equilibrio tra di loro.

Nel qi gong, non c'è giusto ne sbagliato, esistono sensazioni, dove ci rendiamo conto che con la giusta intenzione riusciamo a muovere e smuovere, pulire e ricaricare, in modo più funzionale per noi, nell'attimo presente.

Mi auguro di essere riuscita ad incuriosirvi. Se volete è possibile ricercare ulteriori approfondimenti sul significato e sul lavoro che svolgono questi punti a livello energetico del nostro corpo. Potete iniziare la vostra ricerca e il vostro viaggio di scoperta attraverso il portale della scuola o attraverso le attività di operatori e istruttori che da anni diffondono questa disciplina per il benessere e la salute della persona. Potete tranquillamente partire dai riferimenti a cui vi rimando in questo breve viaggio.

Figura 8 - Mudra del sole in sequenza sul dantien alto, sul dantien medio e sul dantien basso

Come vedete nel far fluire l'energia nel nostro corpo ci sono un bel po' di elementi coinvolti.

Per approfondimenti vi invito inoltre di scoprire i percorsi dei meridiani: https://www.youtube.com/watch?v=ik58yE5ZMNA

Da dove partire per non perdere la testa?

Partiamo dal nostro centro. Il nostro bari centro, il centro della nostra pressione o tensione, che corrisponde al Dantian.

Mi piace richiamare la cultura dei samurai, come nel film 'Ultimo Samurai', che penso in moli abbiate visto e altrimenti vi invito a guardare, Avrete notato le mani poste al punto sotto l'ombelico, la cura della postura, con i piedi ben saldi a terra, le ginocchia morbide, e la schiena bella dritta, come momento di concentrazione prima di ogni battaglia o allenamento.

Che cosa rende lo stato di centratura così importante e allo stesso tempo efficace?

La pancia è il punto centrale dell'uomo, e nel suo movimento è la costante. Viene chiamato da noi occidentali il baricentro, proprio perché ci garantisce l'equilibrio. Sicuri che si tratti solo di questo? Anche la zona dell'addome sembra quella morbida e vulnerabile, in realtà, se forte e tesa, ribatte il colpo. Provate a ricordare un momento in qui dovevate sollevare qualcosa di pesante, tirare un pugno o gettare lontano una palla: tutta questa zona è coinvolta, e più avete la consapevolezza di come utilizzarla a vostro favore più efficace risulterà il movimento che compierete. La stessa cosa avviene nel canto: chi canta dalla gola si stanca facilmente, e le cantanti dell'opera? Cantano con tutto il corpo se le osservate bene e anche la voce ha una vibrazione che penetra in profondità.

Sicuramente vi starete chiedendo come è possibile avere una centratura più stabile, per avere una mente e un corpo più stabili? Visto che dalla stabilità fisica nasce anche la sicurezza nel muoversi nello spazio e quindi nella vita...

La teoria è importante in questo ambito perché ci da quel minimo di spiegazione di ciò di cui stiamo parlando. A noi pratici del campo piace

Figura 9 - Posizione base

ancora di più la pratica, perché è la pratica che ti fa scoprire le potenzialità, e soprattutto ti permette di sentire gli effetti e osservare il cambiamento che avviene sulla particolarità del tuo corpo.

Quindi vi invito ad un gioco, eseguiamo insieme questo esercizio: la posizione base.

La postura che apprenderete eseguendo questo semplice esercizio vi sarà utile se desiderate incuriosirvi e intraprendere un percorso alla scoperta del Qi Gong. Intanto vi guido attraverso le basi e quindi l'esecuzione semplice, adatta a tutti i praticanti amatoriali e avanzati. E' la postura che permette il libero fluire di energia e di sangue in tutto il corpo, cosi come rende il respiro lineare e sufficientemente profondo per assicurare un'appropriata ossigenazione e armonia all'intero corpo.

Mettetevi in piedi, con le gambe aperte alla larghezza delle anche e le braccia morbide lungo il corpo. Sentite bene il peso del corpo distribuirsi in modo equo su entrambe gambe ed entrambi piedi. Allineate i piedi così che siano paralleli tra di loro, e il peso del corpo distribuito bene su tutta la pianta del piede. Potete giocare un po', spostandolo sul tallone, sulla parte anteriore muovendo le dita, per far aderire la pianta bene. Per evitare di sentire la tensione nelle gambe e nella parte bassa della schiena ammorbidite le ginocchia, e tendete i muscoli delle natiche. In questo modo il corpo sarà stabile e allo stesso tempo forte. Immaginate come se dalla pianta del piede vi crescessero delle radici che vi connettono con la terra e invece un filo dalla cima della testa vi sorregge e spinge verso l'alto. Notate come automaticamente dopo questi piccoli accorgimenti tutta la colonna vertebrale si raddrizza e le vertebre si allineano al meglio. Alleggerite le spalle, se le sentite comode e portate il mento leggermente dentro, appoggiando la lingua al palato superiore.

Se in questa posizione vi concentrate sul respiro noterete come con ogni respiro la stabilità fisica aumenta, dando vi la sensazione di forza e quindi anche stabilità mentale e sicurezza.

Affidatevi alla vostra immaginazione. Pensate all'albero, un albero grande e forte ha radici grandi profonde e con tante diramazioni. Se eseguite questo esercizio più a lungo potete sviluppare sempre meglio l'immagine della vostra radice e tornarci ogni qual volta ne avete bisogno.

Questa è la flessibilità e la forza di recupero che deriva da una pratica costante. Le abitudini del corpo, che attraverso semplici gesti vi riportano nella vostra posizione di forza.

E la forza vitale come la coltivo?

Attraversando in maniera consapevole col pensiero i centri energetici, vi siete accorti quale dei centri tra mingmen, tantien ha risposto, vibrato, maggiormente?

Il primo organo che viene creato quando si forma il feto sono i reni, che sono la sede dello jing, dell'energia jing, l'energia vitale essenziale, come già precedentemente accennato.

Dal punto di vista puramente fisiologico il rene svolge un ruolo molto importante sia nella pulizia del corpo che nell'assorbimento di alcune vitamine fondamentali per il sistema immunitario.

"Sebbene la funzione principale dei reni sia quella di produrre l'urina a partire dal sangue, permettendo di eliminare le scorie presenti nell'organismo, questi due organi risultano molto importanti anche per altre funzioni. Sono i reni, ad esempio, a secernere l'eritropoietina, l'ormone che promuove la maturazione dei globuli rossi o a secernere la renina, un enzima che gioca un ruolo importante nella regolazione della pressione sanguigna. Sono infine i reni a elaborare la vitamina D nella sua forma attiva affinché possa essere utilizzata dall'organismo in modo efficiente." [Humanitas.it]

Sono anche la sede delle ghiandole endocrine. Non è mia intenzione spiegarvi la fisiologia del rene, mi è però utile riportare la vostra attenzione ad un aspetto.

La loro funzione è quella di secernere differenti ormoni che sono indispensabili allo svolgimento di molteplici funzioni fisiologiche. La loro secrezione è endocrina: ciò che viene secreto, cioè, viene immesso in modo diretto nel circolo sanguigno (questo tipo di secrezione si differenzia da quella esocrina, tramite cui il prodotto viene immesso in una cavità naturale dell'organismo o rilasciato all'esterno, come accade per i succhi gastrici dello stomaco o per le lacrime).[Humanitas.it]

Notate come questa affermazione fornisca un'informazione estremamente importante: gli ormoni, che regolano diverse funzioni nel nostro corpo, vengono distribuiti attraverso i liquidi del corpo, principalmente dal sangue ma non solo.

Che cosa succede al sangue quando fa troppo freddo o quando siamo troppo fermi? Rallenta, si ferma, ristagna o addirittura si addensa.

Vi ricordate le sensazioni piacevoli di movimento e vitalità che ha acceso in voi solo fare un esercizio semplice di respirazione profonda?

Il movimento è fondamentale per distribuire in ogni sua parte tutti i nutrienti e le sostanze che il nostro corpo produce e per assicurare lo svolgimento corretto delle sue funzioni.

Il movimento però si riferisce anche al fluire dell'energia nei meridiani e nei nostri centri energetici.

Passiamo quindi all'ultima parte del nostro viaggio all'interno del nostro corpo. Gli elementi e i meridiani.

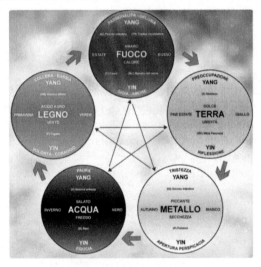

Figura 10 - Le 5 Frasi

I reni, che sono sede della nostra energia vitale, sono legati all'elemento acqua. Come potete vedere non sono un elemento a se stante, così come non sono un organo che svolge il suo compito da solo senza la partecipazione di altri.

Nel fluire del sangue, il principale liquido del nostro corpo, sono anche coinvolti il fegato (elemento legno), la milza (elemento terra), il cuore (elemento fuoco) e i polmoni (elemento metallo). Di base il principio del co-funzionare in sintonia degli elementi sta nel reciproco nutrirsi uno dall'altro in caso di energia (qi mancante), e anche dal reciproco disperderla nel caso di eccesso di energia. Questo continuo scambio avviene se noi manteniamo la nostra energia in movimento. Ogni elemento come vedete dal disegno sopra ha i suoi meridiani e organi a cui si riferisce e sulle cui funzioni agisce, così come una emozione che gioca maggior impatto su di essi.

Ogni elemento corrisponde ad una stagione.

Quando parliamo di difese immunitarie, il periodo a cui ci riferiamo è principalmente l'inverno, legato all'elemento acqua. Nel pieno inverno l'energia del rene è molto sottoposta a stress e quindi potenzialmente bassa. E ora che sappiamo che la nostra vitalità e la nostra salute dipendono principalmente dai reni, dove cade quindi la nostra attenzione? Proprio su quell'elemento, proprio su quell'organo.

Il Qi gong ha sviluppato diverse forme, diversi posizioni ed esercizi, che nella loro particolarità vanno a trattare diversi aspetti fisici ed energetici del corpo umano,

Specificatamente per rafforzare il rene sia a livello fisico che energetico vi propongo una bellissima forma del DAO IN YANG SHENG GONG, dedicata proprio all'elemento ACQUA.

Come ogni forma completa del qi gong, anche questa è composta da otto posizioni, dove ognuna va ad agire sull'elemento che tratta direttamente o indirettamente.

Una forma che scalda e distende soprattutto la zona sacro lombare, la sede del Ming Men. Scaldando e sciogliendo le tensioni e rigidità in questa zona, mobilizzandola, ripristina un miglior funzionamento dei reni e del meridiano.

Come praticarla?

Ho sempre ottenuto maggior beneficio praticandola la sera prima di dormire, per il calore e l'armonia che porta.

Si può praticare per intero o anche solo una o alcune posizioni, in base alla necessità e al tempo che avete a disposizione. Importante farlo con costanza e con l'intenzione. Ho preparato un breve video per guidarvi nella pratica. Trovate il QR code per caricare il video e seguire la forma in fondo al capitolo con altre risorse. Ricordo che è sempre meglio praticare sotto l'occhio vigile del maestro, non solo per la parte di controllo della parte tecnica ma soprattutto per le nozioni energetiche e gli spunti di riflessione a riguardo all'elemento e forma praticata.

Praticare in gruppo congiunge le energie, diventa un impegno fisso che ci dà la spinta per rimanere costanti e presenti. La pratica di gruppo diventa anche una sponda per la condivisione delle nostre emozioni, portando maggior beneficio alla pratica stessa.

Se vi interessa approfondire come si può sostenere i reni agendo anche attraverso gli altri elementi, sicuramente una buona parte delle risposte le troverete negli altri articoli di questo libro che trattano diversi temi, e se anche questo non vi basta, allora non vi resta altro che tuffarvi in un percorso con la Scuola che vi porta a immergervi in tutto il sapere e nella conoscenza del vostro corpo. Altrimenti seguite questo capitolo fino alla fine, dove attraverso una semplice meditazione potete viaggiare a riequilibrare gli organi attraverso i loro colori, con un audio da scaricare.

Che cosa c'entra l'emozione?

Avrete sicuramente notato sul diagramma degli elementi che ad ogni organo viene assegnata una emozione. Quella legata al rene è Paura. I tempi che viviamo, anche se cerchiamo di contrastarla in tutti i modi possibili nella vita quotidiana, per il passato e per il futuro, ma anche per il presente è un'emozione che mischiata con la rabbia si installa molto facilmente nel nostro inconscio, spesso senza che noi ce ne accorgiamo.

Questa cosa avviene per svariati motivi. Soprattutto perché non sempre siamo presenti per noi stessi nel quotidiano e soprattutto perché con l'età perdiamo l'abitudine che hanno i bambini di ascoltarsi ed esprimere le nostre emozioni.

Una paura prolungata, che ci rode da dentro, tocca l'energia del rene, privandoci della nostra energia vitale.

La PNEI - la spiegazione scientifica del collegamento emozione-sistema immunitario

La PsicoNeuroEndocrinoImmunologia (PNEI) nasce circa trent' anni fa come convergenza di discipline scientifiche diverse quali le scienze comportamentali, le neuroscienze, l'endocrinologia e l'immunologia.

[http://www.pnei-it.com/1/informazioni_di_base_2131561.html]

Quello che vedete nel disegno degli elementi che sono la base della medicina cinese, lo trovate qui delineato in chiave moderna e scientifica.

A base delle ricerche che sono state condotte, unendo i vari campi della medicina allopatica moderna, alle varie osservazioni di sviluppo e decorso di diverse malattie, hanno osservato che c'è un collegamento lineare tra il funzionamento del sistema immunitario, che deriva dalle emozioni (il nostro stato psicologico), e viaggia sui canali fisiologici.

Come?

L'emozione viaggia sul sistema nervoso e attraverso i segnali e organi coinvolti (come lo considera anche la MTC) produce certi ormoni, che portano ad azionare certe funzioni di espansione o contrazione nel corpo (come adrenalina che chiude i vasi sanguigni e ci 'pompa' di energia, o le endorfine che invece distendono e rilassano, producendo un altro tipo energia nel nostro corpo).

Analizzando la funzione fisiologica dei reni abbiamo detto che partecipano nella circolazione del sangue e che gli ormoni vengono distribuiti nel corpo attraverso il sangue. Quindi da una emozione avversa, eccessiva, viene prodotto un ormone che in eccesso ci crea problemi e che attraverso il sangue viene distribuito in tutto il corpo. Raggiungendo vari organi, quindi, può compromettere tutto il nostro sistema interiore che è responsabile delle difese immunitarie e tutto parte a catena. Visto che nel nostro corpo tutto è collegato e co-responsabile del globale buon funzionamento e della vitalità.

Non possiamo controllare questo flusso, una volta quell'ormone è andato in circolo. Vuol dire che non possiamo proprio fare nulla?

Possiamo allenarci a creare uno stato desiderato:

- attraverso la flessibilità e centratura, che abbiamo visto facilmente si raggiunge anche con esercizi di respirazione eseguiti con regolarità e costanza.

- attraverso la forma rene (o esplorando altre forme del qi gong, seguendo un percorso) imparando a produrre uno stato energetico nel nostro corpo

- attraverso gli altri approcci, che influiscono a rafforzano il nostro intero sistema che contribuisce a rafforzare le difese immunitarie, che potete tranquillamente abbinare

Così come nel qi gong non esiste né giusto né sbagliato, anche nella vita non possiamo pretendere che tutto fili liscio.

Il segreto, che voglio scopriate da soli, creando un vostro percorso, un vostro approccio, e troviate la strada che vi riporta sulla vostra linea retta, nel vostro equilibrio.

Noterete velocemente come cambia la velocità di recupero del vostro intero sistema, come questa vi rende più forti e stabili e quindi meno suscettibili a sbalzi.

Il tutto praticato con convinzione, curiosità e costanza, creerà una nuova memoria nelle cellule del vostro corpo. Che come scrive Bruce Lipton, sono degli super computer.

Abbiamo milioni, miliardi di super computer che ci compongono, nutriamoli di ciò che ci fa vivere al meglio.

Non dimentichiamoci dell'antico sapere, che sono pur sempre le radici di ciò che la medicina moderna offre ed ha raggiunto in decenni di pratica e studio.

E un grande albero - cosa fa quando gli tagli le radici, invece di annaffiarlo e riconoscergli il nutrimento?

Lascio la risposta a voi. Intanto vi invito ad un'ultima pratica.

Cos'è la cosa più semplice che riesce a invertire la negatività di qualsiasi emozione o situazione che viviamo? Tanti di voi avranno risposto l'abbraccio. Si… purtroppo nell'immediato non sempre è possibile o disponibile.

Io voglio farvi sorridere e voglio che insieme al vostro sorriso e alle endorfine che si diffondono in tutto il vostro corpo, tramite il sangue, anche i vostri organi sorridono e gioiscono.

Così cambia la vostra energia e migliora la salute.

Questa piccola meditazione del sorriso interiore è una tecnica taoista, quindi molto antica, che vi porta a comunicare con tutto il vostro corpo, passando da ogni organo singolarmente. Vi mette in ascolto e soprattutto riequilibra l'energia di ogni singolo organo attraverso il suo colore, attraverso l'ascolto, il sentire ed il sorridere, trasformando l'emozione avversa ferma in esso in una emozione positiva e liberando il flusso di sangue ed energia.

Come tutto il percorso attraverso alcuni aspetti pratici ed energetici del nostro corpo, anche qui, non vorrei concentrarmi troppo sullo spiegare la tecnica in sé, perché troverete tanti scritti validi tra libri e professionisti che lavorano nel campo. Pongo nelle vostre mani (anzi nelle vostre orecchie) un audio, che vi guiderà. Alcuni potranno dire che è già stato inventato tutto, quindi l'audio e l'ennesima ripetizione.

Nel mio percorso di studio e continua formazione, per offrire il meglio a chi si rivolge nei percorsi, ho anche approfondito alcuni aspetti linguistici (da buona poliglotta). Quindi la meditazione del sorriso interiore è rivisitata in chiave linguistica della programmazione neurolinguistica, ed è costruita in modo che dopo averla ascoltata solo una volta, basterà che tocchiate l'ombelico e la piacevole sensazione ritorna.

Ovviamente nulla vieta di ascoltarla ogni volta che ne sentite bisogno o desiderio.

Per approfondimenti della tecnica stessa, che io uso spesso nei gruppi e anche con persone come parte di compiti a casa, potete cominciare qui: https://sorrisointeriore.it/sorriso-interiore/

Sorridi, pratica e coltiva la tua salute e la tua energia.

Così anche tu potrai dire un giorno scherzando sul serio: Guarda che Qi che c'ho!

Vi lascio con una fase del Maestro Tao come ultimo spunto di riflessione:

Praticate più sorrisi durante il giorno, in tutto ciò che fate, il sogno arriva dal subconscio. se praticate più sorrisi durante il giorno, ci saranno più sorrisi nel subconscio e di conseguenza anche nei vostri sogni.

Scarica qui i contenuti digitali legati a questo capitolo:

Figura 11- QR Code video Forma Rene

Figura 12- QR Code audio Meditazione del Sorriso

Bibliografia:

Le radici del Qi Gong Cinese, Ed. Mediterranee
Bushido per donne guerriere, Ed. Feltrinelli
Atlante Agopuntura Ed. Hoepli
www.sorrisointeriore.it
https://cinaedintorni.wordpress.com/
http://www.salutemigliore.it/
https://ita.lifehackk.com/
https://haradevelopment.org/2020/12/08/the-three-dantian/]

REIKI E SISTEMA IMMUNITARIO

A cura di Manara Francesca

Cos'è il reiki?

Reiki è un termine Giapponese: *Rei* significa qualcosa di misterioso, etereo, trascendente e sacro.

Ki significa atmosfera, qualcosa di sottile, o l'energia dell'universo, che sostiene tutte le forme di vita è *l'arte di guarigione tramite l'imposizione delle mani*, che significa canalizzare l'energia dell'Universo.

Essa è contemporaneamente un'arte di guarigione ed una pratica spirituale, che il maestro e fondatore Mikao Usui chiamò "Shin shin kaizen Usui Reiki ryoho" cioè Metodo di Reiki Usui per migliorare mente e corpo.

Per capire ancora meglio la filosofia del Reiki per la parte mentale riporto uno dei motti della Komyo Reiki Do:

Vai tranquillamente nel mezzo della lode e del biasimo

Le parole lode e biasimo rappresentano il mondo della dualità, la coppia degli opposti, che è la nostra realtà oggettiva. Vale a dire il mondo di bene/male, guadagno/perdita, successo/fallimento, vittoria/sconfitta, forte/debole, ricco/povero, e così via.

"Vai tranquillamente nel mezzo" significa che trascendiamo o ci innalziamo al di sopra del mondo di dualità; non scappiamo da esso non ci attacchiamo ad esso, non corriamo qua e là, così da poter procedere con calma e pacificamente.

L'importanza della mente sul nostro benessere

Si pone una questione: come possiamo trascendere il mondo della coppia degli opposti? La risposta è, dal punto di vista mentale, lasciando andare la dualità o non attaccandosi ad essa. Dal punto di vista fisico, gustando una tazza di tè.

Una tazza di tè può farci superare la dualità. Nell'atto di prendere una tazza di tè non c'è bene/male, successo/fallimento, ma il niente o l'assoluta uguaglianza.

Mentre ci godiamo una tazza di tè, siamo in uno spazio ed un tempo dove possiamo essere calmi e stare in pace, questo è uno stato di Satori o Illuminazione.

Una tazza di tè, una tazza di illuminazione!

Il silenzio della mente permette alle emozioni di sedarsi, di non influire sui nostri pensieri più negativi e di non farlo diventare col tempo un sintomo nel corpo. Su questo reiki è molto efficace già dalle prime zone da trattare perché proprio iniziando a mettere le mani su occhi, tempie e nuca si avverte una sensazione di leggerezza mentale, questo fa sì che l'energia del reiki fluisca per poi continuare su altre zone per riequilibrare tutto il corpo, un altro importante strumento di questa filosofia per lavorare con la mente sono i 5 precetti ovvero *L'arte mistica d'invitare la felicità, la medicina miracolosa per curare tutte le malattie,* una sorta di mantra da interiorizzare e ricordare ogni giorno:

solo per oggi (kyo dake wa)
non arrabbiarti (ikaru na)
non preoccuparti (shinpai suna)
con gratitudine (Kansha shite)
lavora diligentemente (gyo wo Hageme)
sii gentile con te stesso e con gli altri (hito ni Shinsetsu ni)

Mattina e sera
Fai Gassho
Custodiscili nella mente
Recitali con la voce

Intestino come secondo cervello

Come disse Ippocrate "l'uomo deve armonizzare lo spirito e il corpo"
La flora intestinale svolge un ruolo vitale nella salute fisica e psicologica tramite la rete neuronale, essa è formata da un sistema di circa 100 milioni di nervi presenti nel rivestimento dell'intestino, chiamato secondo cervello, nasce dagli stessi tessuti dai quale nasce il sistema nervoso centrale durante lo sviluppo fetale. Ecco perché ci sono diversi parallelismi strutturali e chimici, entrambi hanno la capacità di prendere decisione simili e in autonomia avendo scambi continui e bidirezionali tramite ormoni, neuropeptidi, impulsi elettrici attraverso il nervo vago e coinvolgendo il sistema endocrino, **immunitario** e percorsi neurali.

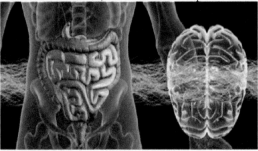

Nonostante si stiano facendo ancora ricerche, è ormai chiaro che il legame tra cervello ed intestino sia molto connesso, tanto da sembrare uno solo. Anche i fattori emotivi e psicosociali hanno una stretta correlazione e sono in grado di scatenare diversi disturbi fisici come quelli gastrointestinali, questo fa sorgere a catena diverse problematiche dalla digestione come il reflusso gastroesfageo al colon irritabile, dolore, infiammazione, alterando la flora batterica e altro, in poche parole i fattori psicologici possono influire sui fattori fisici tanto da compromettere la loro naturale funzionalità.

Alla luce di queste considerazioni diventa difficile pensare di risolvere le problematiche intestinali senza tenere in considerazione la parte emotiva e lo stress. alcuni studi hanno dimostrato che i pazienti con approcci psicologici e psico corporei hanno avuto un netto miglioramento dei sintomi rispetto a quelli che hanno avuto un approccio prettamente medico convenzionale e alcuni studi pilota dell'Harvard University dimostrano proprio come anche le tecniche di meditazione abbiano influito in modo molto positivo sull' intestino, sia attenuando i dolori che diminuendo l'infiammazione in un ciclo di 9 settimane.

Sistema immunitario

L'intestino è uno degli organi principali non solo per la capacità di assimilare il cibo ma anche, e molto importante, per la produzione dalla flora intestinale che dà vita al **sistema immunitario**. Una flora batterica sana infatti permette di proteggere l'organismo dall'attacco di virus, microrganismi e malattie di vario tipo non solo legate alle disfunzioni gastro intestinali ma dà anche origine a stati infiammatori cronici.

Per rinforzarlo infatti andrò a lavorare specificatamente in questa zona.

Un altro punto molto importante è la zona del **cuore**, secondo la medicina tradizionale cinese è la radice della vita in continua comunicazione con tutti gli organi e visceri e non solo ma anche delle attività mentali come pensiero, saggezza e luminosità, le emozioni, la coscienza emotiva e il **sonno** un'altra funzione fondamentale per garantire il rigenero cellulare e del sistema immunitario.

Un'altra funzione del cuore è trasformare il Qi del **cibo** in sangue, i vasi sono nutriti da essi e ne garantiscono la circolazione in tutto il corpo.

Per ultimo andrò a trattare la zona dei **reni** in MTC sono la fonte di energia del nostro corpo è quindi ottimale trattarli, hanno una funzione importantissima di protezione dell'organismo, provvedono infatti a depurare il sangue filtrando le sostanze tossiche, che attraverso un complesso sistema venoso, viene trasformata in urina.

Ricapitolando, ritengo che i punti da trattare per rinforzare il sistema immunitario siano:

- le zone della testa occhi, tempie e nuca per il silenzio mentale

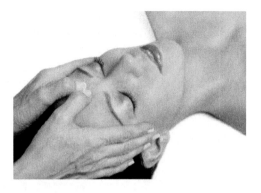

- intestino per il sistema immunitario

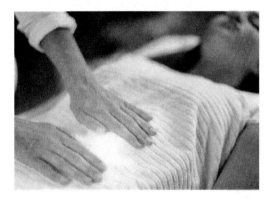

- reni per la pulizia dalle tossine

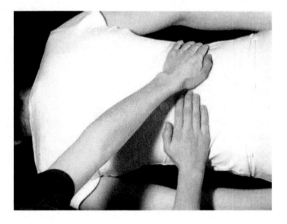

- cuore per la distribuzione e circolazione del Qi e il sonno

La mia esperienza con il Reiki:

Nei vari trattamenti fatti utilizzando questo metodo, ho notato come già dalla prima seduta si ritrovano attimi di silenzio della mente e una riduzione dei dolori di diversa origine. Una cliente che dopo un lutto non riusciva più a dormire per esempio è riuscita nelle notti seguenti a riposare, con poche ore ma di effettivo riposo, è capitato anche con persone che avevano dolori in diverse parti del corpo attenuarsi dopo la seduta. Un altro esempio di una cliente che doveva assumere dei farmaci che le causavano diversi effetti collaterali nei giorni seguenti all'iniezione, ha notato che facendo la seduta il giorno prima gli effetti collaterali si erano ridotti, in questo caso è stato anche utile integrare una meditazione specifica di visualizzazione in modo da predisporre anche mentalmente l'esperienza che avrebbe affrontato.

Bibliografia:

Testo originale della Komyo Reiki Do Italia
Tratto dagli studi del dott.Umberto Villani fonte the gut-brain axis: interaction between enteric microbiota, central and enteric nervous system-Marilla Carabotti, Annunziata Scirocco, Maria Antonietta Masselli, Carola Severia- Ann Gastoenterol. 2015 Apr-jun 28(2): 203-209.

Immagini

free copyright e Pixabay

L'ACQUA, UN MARE DI BENESSERE TRA MACROCOSMO E MICROCOSMO

A cura di Minauro Valentina

RAFFORZIAMOCI CON LA NATURA!

L'acqua è la materia della vita. E' matrice, madre e mezzo.

Non esiste vita senza acqua.

(Albert Szent-Gyorgyi – premio Nobel per la medicina)

Che cos'è l'acqua? è la sostanza più presente sulla Terra e, insieme all'aria, l'ingrediente principaleper sostenere la vita così come la conosciamo. Oltre il settanta per cento della superficie terrestre è ricoperto da acqua, la maggior parte della quale è salina e il plankton marino fornisce più della metà dell'ossigeno del nostro pianeta. Vista dal satellite la Terra appare come una piccola bolla blu, e in tutto l'universo pare ci sia la presenza dell'acqua.

Noi stessi siamo acqua. Entriamo in contatto con l'acqua tutti i giorni, ma cosa sappiamo davvero di lei? Il nostro corpo è costituito da una quantità di acqua che raggiunge circa il 60-70% del nostropeso corporeo. L'acqua compone il 99% delle molecole del corpo umano. Si evince pertanto la straordinaria importanza che ha questa semplice particella per la sopravvivenza dell'intero organismo e di tutta la vita sulla terra.

Sembra un paradosso, la molecola dell'acqua è quella con la composizione più semplice in natura dopo quella dell'ossigeno, nonostante ciò è caratterizzata da proprietà estremamente complesse, a volte anche anormali, ed è proprio grazie alle sue "stravaganze" che si trova alla base della vita e della sopravvivenza.

Da un punto di vista biochimico l'acqua è formata da atomi di idrogeno e ossigeno che sono i costituenti di tutte le parti del nostro corpo. Cervello, tessuti, scheletro, organi in percentuali diverse contengono acqua e il loro funzionamento si può dire sia regolato dalle leggi della fisica quantistica.

In tutte le tradizioni antiche l'acqua ha sempre avuto un ruolo speciale. Partendo dalla Genesi, passando per le Sacre Scritture, agli scritti Assiro-Babilonesi, continuando con i Miti Greci e Sumeri,l'acqua è collegata al processo di creazione dell'universo o a divinità potenti e primordiali. I Romani costruirono maestosi acquedotti e centri termali con piscine di acqua calda, fredda e tiepida per poter beneficiare delle sue preziose fonti idriche. Ancora oggi utilizziamo il termine latino di *spa, salus per aquam,* per indicare la salute attraverso l'acqua. Ippocrate, il padre della medicina moderna, era solito fare dei bagni alternati caldi e freddi per disintossicare il corpo.

Negli antichi testi indiani l'acqua era il Principio Primo, generata da *vac,* la Parola, il Suono, l'elemento primordiale da cui tutto deriva. Per l'Ayurveda l'acqua è essenziale per la vita e il mantenimento di un ottimale stato di salute.

Secondo il sistema dei meridiani energetici della Medicina Tradizionale Cinese il Principio dell'Acqua governa tutte le energie ancestrali profonde che sono dentro di noi. Raccoglie tutti gli archetipi, i ricordi inconsci e i codici segreti e profondi che sono stampati nel nostro DNA. Dall'acqua pertanto deriva la nostra forza interiore, le riserve energetiche e la longevità.

Il gesto del battesimo con l'immersione del corpo nell'acqua è simbolo di purificazione di corpo, mentre e spirito per dare il via a una nuova vita.

Per tutti e in ogni epoca l'acqua è il cibo che nutre, lubrifica, disintossica e gode di numerose qualità terapeutiche, antiossidanti, defaticanti, digestive, diuretiche, idratanti, energizzanti. Tutta la materia deriva dall'acqua. Capiamo pertanto quanto sia di fondamentale importanza per mantenere il nostro sistema immunitario in perfetta efficienza ed evitare così che venga attaccato da agenti patogeni esterni.

In queste pagine vi svelerò i diversi utilizzi che possiamo fare dell'acqua. I trattamenti per applicazione esterna, il suo impiego come rimedio dall'interno e anche della sua magia a livello cellulare.

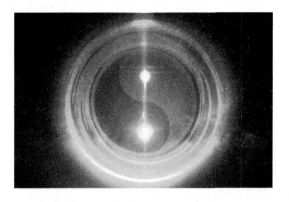

Idroterapia per rafforzare il sistema immunitario

"Nell'acqua abbiamo un mezzo eccellente con cui risanare il corpo debole e malaticcio, ma essendo il corpo e l'anima strettamente uniti e fra loro dipendenti, attraverso il corpo, l'acqua può perfino influire sull'anima. E infatti avvenne più d'una volta che qualcuno, fornito di buona volontà, venne aiutato dall'acqua ad avere, in corpo sano, una mente ed un'anima sana."

Sebastian Kneipp, da "La cura dei bambini"

Dopo un periodo di interruzione durante il Medioevo, epoca in cui il concetto di corpo era considerato come peccato, arriviamo alle soglie del 1800, quando inizia a svilupparsi la moderna naturopatia e riprende vita la cultura dell'acqua con lo sviluppo dell'idroterapia. Tra i suoi fondatori possiamo annoverare Johan Sigmund Ahan,

filosofo e medico tedesco tra gli ideatori della *medicina dell'acqua*. Vincent Priessnietz (1799-1851) il primo a ottenere il titolo di *Naturhartz*, medico della natura, in Germania. Egli divenne famoso per aver trattato con grande successo un enorme numero di pazienti con tecniche idroterapiche da lui inventate tra le quali spugnature, bagni freddi, compresse bagnate, soprattutto riteneva terapeutico l'utilizzo dell'acqua fredda su zone del corpo calde per far uscire il calore interno.

Laezaeta, cileno, precursore della fisica quantistica, pose le basi per quella che viene definita Dottrina Termica, ovvero il principio dell'equilibrio termico secondo il quale il corpo umano per mantenersi in salute deve mantenere una temperatura di 37 gradi sia sulla pelle che negli organi interni. Alla diffusione del suo metodo nel nostro Paese ha contribuito l'italiano Luigi Costacurta con l'utilizzo dei bagni di vapore. Un altro studioso che ha contribuito a diffondere la cultura dell'acqua per la salute in Europa, e forse il nome più conosciuto, è **Sebastian Kneipp** (1824-1897) un monaco tedesco che da giovane si ammalò di tubercolosi, una malattia all'epoca mortale, dalla quale si salvò bagnandosi ogni giorno nelle gelide acque del Danubio. Da qui iniziò a diffondere il suo sapere e il suo modo di raggiungere la guarigione, tanto che il metodo Kneipp tuttora viene ampiamente utilizzato nei centri termali e in numerose cliniche in tutta Europa.

Il metodo Kneipp considera corpo, anima, spirito come un'unica entità con l'obiettivo di rafforzare l'organismo attivando il suo potere di auto guarigione per placare disturbi e prevenire malattie. Possiamo dire che promuove la **Vitalità** che è poi lo stesso obiettivo che perseguono le dottrine della **Naturopatia**. Le basi del metodo vennero fissate nel 1886 con la pubblicazione del libro *"La mia cura dell'acqua"*.

Secondo Kneipp le cinque colonne alla base del suo metodo sono, l'idroterapia, la fitoterapia, la dietetica, il movimento e un equilibrato stile di vita.

Cosa si intende per **idroterapia**? Idroterapia è un termine di origine greca che significa utilizzo dell'acqua per promuovere il benessere fisico. L'acqua viene utilizzata con lo scopo di aumentare l'energia e la resistenza alle malattie. Può donare beneficio alla salute andando a stimolare positivamente il sistema immunitario, migliora la circolazione sanguigna e favorisce la disintossicazione. Non dimentichiamoci che la prima barriera difensiva tra noi e il mondo esterno è la pelle, è lei che mantiene l'equilibrio idrico e la temperatura corporea, e fa da confine con il mondo esterno, pertanto deve essere sempre in grado di proteggerci da virus e batteri. Inoltre è il principale organo emuntore attraverso il quale espelliamo tossine e ci depuriamo. Le tecniche idroterapiche sono davvero molte, per citarne alcune si possono ricordare le fregagioni, la spazzolatura, i bagni caldi o freddi, le docce, le saune o il bagno turco.

Routine quotidiana per la vitalità

Vediamo più nel dettaglio come entra in gioco l'azione benefica dell'acqua sulla pelle. Possiamo utilizzare l'idroterapia per rafforzare il sistema immunitario oppure favorire una migliore e più veloce ripresa in caso di attacco da agenti esterni. A tal proposito vi propongo una routine che potrebbe portare beneficio per l'intero organismo.

Il mattino è il momento migliore per dare una sferzata energetica al nostro corpo. Iniziamo la giornata lavandoci il viso con un bel getto di acqua fredda. Lo so che appena usciti dal letto questo possa risultare traumatico, ma sentirete subito la pelle più fresca e rinvigorita e la mente risvegliata dal torpore della notte.

Per preparare il corpo alla doccia effettuiamo la spazzolatura a secco di tutto il corpo per circa 5/10 minuti. Essa agisce sul sistema nervoso con gli stessi principi dell'agopuntura, pertanto oltre a eliminare le cellule morte agisce profondamente sugli organi interni e regola le difese immunitarie. Preciso che nella dottrina classica di Sebastian Kneipp non era prevista la frizione del corpo, se non in rari casi.

Come fare **la spazzolatura**? Si utilizza una spazzola in setole naturali e morbide, si inizia dalla pianta del piede destro, il punto più lontano dal cuore, e si sale longitudinalmente tutta la gamba sia dalla parte esterna che interna, arrivando fino al bacino. Su schiena e addome si procede con movimenti circolari, si passano poi le braccia dalle mani fino alle spalle. È molto importante andare sempre nella direzione del cuore seguendo la circolazione sanguigna. Dove la pelle è più spessa si possono effettuare movimenti più energici, mentre nelle zone più delicate come braccia, interno coscia e pancia pressioni più leggere.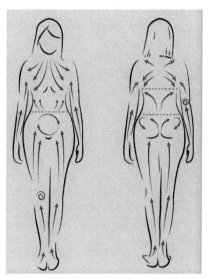
Molto importante anche seguire il massaggio con la respirazione. Un leggero arrossamento della pelle è normale ed indice della giusta esecuzione del trattamento.

L'unica avvertenza è evitare il contatto sulle zone dove la pelle presenta delle problematiche. L'ideale sarebbe spazzolare il corpo quotidianamente, se non ci si riesce è importante almeno mantenere una costanza di trattamento nel tempo.

Ora si può procedere a una doccia calda, al termine della quale vi do due opzioni, una per chi inizia e una per i più temerari. Per familiarizzare con l'acqua fredda potete iniziare così: prendete il "doccino" e iniziate a dirigere il getto di acqua fredda sul piede destro per poi risalire lungo tutta la gamba, e ripetete la stessa operazione sul lato sinistro. Ora passate sulla mano e sul braccio destro e fate lo stesso sul lato opposto. Da qui la parte più eroica, si bagnano addome, petto e infine schiena e viso. Ricordatevi che questa operazione deve durare sempre molto poco. Quando avrete raggiunto una buona familiarità con l'acqua fredda potrete provare la **"doccia temeraria"**. Ovvero, dopo aver fatto una normale doccia calda girate la manopola gradatamente sull'acqua fredda e lasciatevi avvolgere dal getto su tutto il corpo per qualche istante. Questa pratica va sempre eseguita nel rispetto del vostro corpo e della risposta che vi dà. Potrete aumentare la durata della doccia fredda con il passare del tempo. Dopo la doccia sarebbe bene non asciugarsi del tutto ed evitare di frizionare il corpo, togliere invece l'acqua in eccesso con le mani e poi coprirsi per favorire la reazione del calore. Adesso siete ricaricati e pronti per cominciare la giornata con molta più energia e vitalità. Io sto praticando questo metodo da diverso tempo e posso affermare che i benefici si sentono. Quasi mai mi ammalo e l'aspetto dell'epidermide è più liscio.

Secondo alcuni studi la doccia fredda farebbe aumentare il tasso metabolico, infatti il tentativo del corpo di scaldarsi attiva il sistema immunitario che risponde aumentando la produzione di globuli bianchi, soprattutto di linfociti e monociti favorendo in questo modo l'eliminazione di virus, batteri e tossine. Pertanto è un ottimo modo per prevenire raffreddori, influenze, infezioni fino alla prevenzione di malattie ben più gravi.

L'alternanza di docce calde e fredde è ideale per migliorare la circolazione del sangue. La vasocostrizione generata dal freddo fa fluire il sangue a una pressione maggiore, mentre con il calore le vene si dilatano. In questo modo le pareti dei vasi acquistano elasticità e il sangue scorre in maniera più fluida. La doccia fredda scatena una delicata forma di stress così da aumentare la produzione di calore interno che attiva i sistemi di riparazione cellulare dell'organismo.

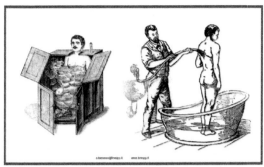

*Figura 13 - Sebastian Kneipp " La mia cura idroterapica" dalla pagina facebook
Sebastian Kneipp per gentile concessione del professor Angelo Terraneo*

Se invece siete già stati bersaglio di qualche forma di raffreddamento, per alleviare i sintomi di raffreddore e congestioni alle alte vie respiratorie, è molto benefico un **pediluvio** con acqua calda, con l'aggiunta di oli essenziali oppure polvere di senape il beneficio sarà ancora più forte. In ultimo il pediluvio è anche un buon rimedio per conciliare il sonno. Così potrete terminare la vostra routine quotidiana nel migliore dei modi.

*Figura 14 - dalla pagina facebook Sebastian Kneipp per gentile concessione del professor
Angelo Terraneo*

Grazie alla scoperta della reazione di calore e al perfezionamento delle applicazioni alternate di acqua calda e fredda l'**OMS** ha riconosciuto l'**idroterapia come Medicina Tradizionale Europea.**

Un'altra soluzione per prevenire le problematiche che riguardano congestioni nasali, sinusiti e riniti che io stessa periodicamente pratico sono i

lavaggi nasali. Questa antica pratica appartiene alla cultura ayurvedica e per millenni è stata utilizzata dagli hatha yogi nella loro pratica quotidiana. La pulizia dal muco interno era ed è di fondamentale importanza per permettere al *prana* di scorrere e trovare un ambiente fisico pronto a riceverlo. Secondo l'antica tecnica la pulizia nasale si effettua con un apparecchio chiamato **lota**, una sorta di teiera in ceramica o rame con un lungo beccuccio attraverso il quale si può riversare il liquido da una narice e farlo uscire dall'altra. Il flusso d'acqua continuo scioglie i muchi e deterge le vie respiratorie.

Come si fa nella pratica?

Si riempie la lota con una soluzione idrosalina tiepida. Si scalda una tazza di acqua e ci si aggiunge un cucchiaino di sale. Stando in piedi in posizione leggermente piegata in avanti si prende il contenitore e si introduce il beccuccio nella narice destra, respirando solo con la bocca, ruotate la testa verso sinistra e inclinate il capo rivolgendo lo sguardo verso l'alto. L'acqua scorrerà attraverso la narice destra penetrando nelle cavità nasali, e riempendo i seni paranasali, per poi uscire dalla parte sinistra. Finito il primo lavaggio, si soffia il naso delicatamente facendo attenzione a non far defluire l'acqua nei condotti uditivi. Si procede poi a lavare la narice sinistra con lo stesso procedimento.

Se non avete la lota la stessa operazione può essere effettuata con una siringa senza ago oppure con una piccola peretta, facendo attenzione a non premere troppo velocemente l'acqua all'interno delle cavità nasali.

Figura 15 - dal sito internet www.ideegreen.it

L'**irrigazione nasale** con soluzione salina può essere eseguita su base quotidiana: il passaggio del liquido andrebbe a rimuovere, dalla cavità nasale, il muco, i contaminanti e gli allergeni respirati. Si tratta di una pratica di buona igiene quotidiana, ottima per la prevenzione di congestioni e allergie.

Questo piccolo esempio dimostra nella pratica come per l'Ayurveda l'acqua occupa un posto speciale come elemento fondamentale per la vita e per l'intera esistenza di tutto il creato.

Il legame tra il nostro organismo, l'acqua di mare e la mente

"Fai un profondo respiro e immaginati il salto...
l'acqua riempie la luce, il suono, l'aria e la tua mente.
Adesso apri gli occhi, tutt'intorno a te vedi solo blu.

Respira. Ascolta.

Vivi il senso di benessere che l'essere immerso
nell'acqua ti trasmette. Inutile negarlo, forse inutile
persino chiedersi il perché, ma sei felice".

Wallace J. Nichols

Figura 16 - Immagine personale Oceano Costa dell'Algarve

Mantenere il nostro organismo ben idratato è molto importante per far sì che le nostre difese immunitarie lavorino sempre in piena efficienza. Come già detto, il tessuto tegumentario, e le muscose di naso e gola sono la prima barriera in grado di fronteggiare virus e batteri, ma anche tutte le cellule del nostro corpo hanno bisogno di acqua, pertanto vanno mantenute in salute oltreche dall'esterno anche dall'interno. Per mantenere il corpo ben idratato una buona pratica è quelladi bere prima che si senta la sensazione di sete, poiché questo è già un indice di disidratazione e distribuire l'assunzione di liquidi nel corso della giornata. Un bicchiere di acqua tiepida come prima attività del mattino gioverà al nostro organismo per tutto il giorno. Reperire acqua direttamente dauna fonte naturale sarebbe ancora meglio piuttosto di quella in bottiglia.

L'acqua presente nell'organismo umano favorisce il trasporto di nutrienti, l'eliminazione delle tossine e dei rifiuti prodotti quotidianamente derivanti dal metabolismo e quindi dalla trasformazione del cibo in energia, pertanto anche una corretta e sana alimentazione fa sì che ci si mantenga più a lungo in salute e longevità.

Parlando dell'acqua è fondamentale considerare le similitudini che esistono tra **l'organismo umano e l'acqua di mare.**

Un fisiologo e biologo francese vissuto tra Ottocento e Novecento, René Quinton ipotizzò che l'acqua di mare e il corpo umano sono abbastanza simili. Inoltre gli organismi animali che per la prima volta si sono sviluppati in ambiente marino portano ancora nel loro patrimonio genetico le cellule costitutive degli organismi marini delle origini. In pratica il liquido in cui sono immerse le nostre cellule, avrebbe ancora una composizione simile a quello marino di miliardi di anni fa. L'ipotesi di Quinton è all'origine della più moderna teoria che sottolinea l'importanza degli oligoelementi come fondamentali per il metabolismo cellulare.

Gli **oligoelementi,** dal greco *oligo,* poco, sono minerali che si trovano in molti organismi viventi, nel corpo umano, in piccolissime quantità, ma sono fondamentali per la maggior parte dei processi vitali. Hanno un ruolo strutturale e funzionale di catalizzatori di enzimi. Naturalmente anche l'acqua contiene oligoelementi e ne è molto ricca l'acqua che ha "scoperto" lo scienziato, a cui verrà dato il nome di **plasma di Quinton.** Secondo il protocollo originale l'acqua deve essere prelevata nell'Oceano Atlantico a una profondità di dieci metri in zone vorticose, dove l'acqua è pura, viva e dinamizzata, preparata in ambiente sterile e senza l'utilizzo di oggetti metallici e processi elettrici, mantenuta a una temperatura costante in modo da conservare intatto "l'ambiente vivente".

Il meccanismo alla base del principio di efficacia dell'acqua di Quinton è legato alla sua azione sul mantenimento dell'equilibrio acido-basico, e sul rafforzamento del sistema immunitario tramite l'apporto degli elementi essenziali all'attività cellulare e alle caratteristiche degli ioni più importanti contenuti, potassio, calcio, sodio, magnesio. È stato asserito, a seguito di esperimenti, che nell'acqua di mare gli esseri viventi ritrovano un apporto vitale superiore rispetto a quello che normalmente riescono ad attingere dal loro ambiente interno.

Questo fluido essenziale per compensare le carenze della vita quotidiana, a seconda della necessità può essere assunto in forma isotonica o ipertonica. Quella isotonica ha una concentrazione pressoché uguale a quella del plasma umano, mentre quella ipertonica ha concentrazioni tre volte maggiori di minerali e oligoelementi.

La scoperta di Quinton vide la nascita ai primi del 1900 di "dispensari marini" e per diversi decenni è stata utilizzata in quella che veniva definita "medicina balneare", ad oggi è tornata in auge in centri termali e marini salutistici.

Figura 17 - Immagine personale Oceano Costa dell'Algarve

Considerate tutte le similitudini tra il corpo umano e l'acqua è inevitabile pensare come si sia instaurato e perpetuato un **legame quasi magico tra noi e l'acqua di mare**. Immergerci tra le profondità del mare e immergerci negli abissi del nostro cervello, sembra una sfida agli antipodi, inarrivabile, ma ora possibile grazie a nuove tecnologie con le quali si è potuto comprendere come le emozioni, la salute e la guarigione mentale siano in stretta relazione con l'acqua. Pare ormai appurato, anche a livello scientifico, che il contatto o la sola vicinanza con l'acqua, possa farci sviluppare un caratteristico stato di presenza mentale e totale benessere di cui siamo portatori fin dal passato ancestrale che ci rende vivi nel momento presente, felici, realizzati e consapevoli della nostra esistenza. Sto parlando di quello stato mentale che è stato definito con il termine di **Mente Blu** da Wallace J. Nichols, autore dell'omonimo libro *Blue Mind*, cioè *"quello stato leggermente meditativo caratterizzato da calma, serenità, armonia, e da un senso generale di felicità e soddisfazione nei confronti della vita nell'istante presente."*

Il mare ci attrae e ha il potere di farci cambiare improvvisamente il nostro stato d'animo e il fluire stesso dei nostri pensieri. Soprattutto con gli stili di vita moderni, caratterizzati da frenesia, stress, lontananza dal mondo naturale, la sua presenza è essenziale per ritrovare la pace e la serenità. Trascorrere ore ad ascoltare il ritmo del mare, i suoi suoni e osservare le sue sfumature di blu ci fa cadere in quello stato mentale in cui il corpo si riposa, la mente produce onde cerebrali più lente che ci accompagnano in uno stato di rilassamento profondo, così il nostro corpo si ripara e si rigenera. Non ci resta che tuffarci nel blu profondo, farci cullare dalle onde e beneficiare delle meravigliose proprietà delle acque saline per risvegliare il nostro corpo. Se non sempre abbiamo lapossibilità di vivere il mare, anche la semplice vicinanza a un corso d'acqua, che sia lago, torrente, fiume, ci rende più sani e felici, e ci porta pace.

Io ho la fortuna di abitare vicino al lago. Solamente aprire le finestre e scorgere lo specchio d'acqua in cui si riflettono i paesi che vi si affacciano e le montagne all'orizzonte mi dona una sensazione di benessere. Quando ho bisogno di rigenerarmi ancora di più mi dedico una bella passeggiata lungo le rive del Lago Maggiore, mi fermo ad ascoltare il suono delle onde e osservare i colori dell'acqua. In una giornata di sole il lago regala meravigliose sfumature di colore dal blu intenso, all'azzurro e al verde della vegetazione. Al tramonto ti delizia con tonalità arancioni, quasi infuocate, giallo dorate fino al violetto.

Figura 18 - pietre in equilibrio "scultura" personale. Lago Maggiore

Bastano pochi minuti e già percepisco quella sensazione meditativa di pace che mi fa vivere il momento presente, e sto nel qui ed ora…

Figura 19 - Immagine personale Tramonto sul lago Maggiore

Le cellule acqua di vita, vibrazione dell'universo e musica per il nostro benessere

"La vibrazione è ciò che rende possibile l'esistenza di ogni cosa. Tutto quello che esiste è in uno stato di vibrazione, che è la fonte dell'energia."

Masaru Emoto

Per la fisica quantistica il nostro organismo è composto al 99% da acqua e le sue interazioni sono determinanti per la nostra intera esistenza. Si è detto che l'acqua possa addirittura influire sulle emozioni e sviluppare una sua "memoria". Masaru Emoto, saggista e ricercatore indipendente, ha dimostrato la capacità dell'acqua di modificare la propria struttura in base ai messaggi che riceve. Attraverso i suoi esperimenti è riuscito a fotografare al microscopio i cristalli di acqua dopo l'esposizione a emozioni provenienti dalla mente umana, da scritte e da suoni. Ne è risultato che quando esposta a energia emozionale positiva, l'acqua assume pregevoli geometrie cristalline armoniose. Al contrario, se esposta a carica emozionale negativa, la stessa comporrebbe strutture dall'architettura disarmonica.

In modo semplice è possibile spiegare il fenomeno della "memoria dell'acqua" attraverso una metafora. Si può dire che l'acqua sia in grado di trattenere l'impronta di ciò con cui entra in contatto come se fosse un'informazione e riesce a ritrasmettere questa informazione anche dopo che "Il contattato" non si trova più nell'acqua stessa.

Acqua musica

Se è vero che la struttura cristallina dell'acqua ripropone il contesto energetico nel quale si forma, la stessa dinamica dovrebbe instaurarsi sottoponendo la molecola di acqua al contatto diretto con la musica (vibrazione sonora). Emoto per dare credito alla sua tesi fece questo esperimento: come campione di partenza e di riferimento, venne usata acqua distillata, che garantisce condizioni di perfetta neutralità, quindi acqua non informatizzata. Il campione di acqua, una volta posto tra due altoparlanti emittenti onde sonore, veniva congelato poi fotografato. Si constatò la risposta dell'acqua in relazione alla tipologia di informazione sonora ricevuta. Anche in questo caso i cristalli che avevano "ascoltato" frequenze basse, per esempio musica heavy metal, apparivano sgradevoli con forme asimmetriche e amorfe, mentre i cristalli sottoposti a frequenze alte come la musica classica, avevano forme simmetriche, colori brillanti e belli alla vista.

Figura 20 - dal sito www.visioneolistica.it

Se, secondo Emoto, l'acqua assume particolari forme in base all'informazione ricevuta, può farlo anche l'acqua che sta all'interno del nostro corpo? Probabilmente sì. Pertanto la qualità dei nostri pensieri può influenzare il nostro stato emotivo e fisico e allo stesso modo le molecole del nostro corpo, quando sono sollecitate da una particolare melodia, possono subire delle trasformazioni e anche trasformare uno squilibrio del corpo per andare a ripristinare un nuovo stato di salute.

La musica può influire sulle vibrazioni delle nostre cellule. In particolare i suoni binaurali e la musica accordata a 432 Hz risuona con il battito della terra, parla un linguaggio più comprensibile alle nostre cellule, creando un'integrazione con il nostro DNA e tra le parti del nostro cervello. Durante i miei trattamenti di naturopatia spesso utilizzo questo tipo di melodia e da qualche tempo sto sperimentando in particolare le musiche di Emiliano Toso, un biologo molecolare che si è trasformato in musicista e compositore, portando le sue frequenze nelle sale operatorie, durante i parti, nei laboratori di ricerca e tra operatori del benessere in diverse parti del mondo.

La sua musica trascina in profondità, aiuta a capire chi siamo e ci accompagna nella nostra evoluzione fisica, emozionale e spirituale. Le vibrazioni sonore riescono a modificare la funzionalità degli organi, e fanno produrre al nostro corpo alcuni tipi di ormoni che agendo sul sistema immunitario favoriscono i processi di auto-guarigione.

Toso ha chiamato il suo progetto musicale Translational Music descrivendo con l'espressione "Un mare di cellule sotto un cielo di musica" l'immagine visiva che lo sottende, la traduzione delle vibrazioni delle cellule che arrivano al cielo in cui si possono diffondere velocemente e raggiungere tutte le persone in tutto il mondo in pochi minuti. Si crea una sinfonia di vita con tutto l'universo che è energia e vibrazione, così la vibrazione intrinseca dal microcosmo dell'essere umano risuona con il macrocosmo di tutto l'universo.

Figura 21 - "TwoMoons" acquerello di Wilma Camatti per gentile concessione di "Translational Music"

Figura 22 - "Onde" Acquerello di Wilma Camatti per gentile concessione di "Translational Music"

Tutto questo è possibile grazie a una semplice particella formata da idrogeno e ossigeno, la nostra meravigliosa **ACQUA**, che con la sua memoria riesce a informare tutto ciò che incontra.

Con il suo fluire a volte lento altre più impetuoso, l'acqua ha attraversato le varie epoche storiche, da purificatrice nei miti ancestrali, a redentrice del cristianesimo, ritorna dal mare, reale e metaforico, per portare guarigione spirituale e armonia. L'acqua è flessibile, adattabile e ricettiva, la sua vera forza è racchiusa nella sua continua capacità di trasformazione. Così questa minuscola quanto affascinante molecola ci riconnette all'energia dell'Universo. Ecco il motivo per cui ho scelto di parlare di questo elemento, che opposto al fuoco ha tanto da insegnare e mitiga il mio ardore interiore. L'acqua in tutte le sue forme, con la sua vibrazione ci aiuta a mantenere il nostro sistema immunitario in salute e vitalità.

Acqua che scorri libera, grazie a te abbiamo la vita
Valentina Minauro

Bibliografia:

"Dimmi dove ti fa male e ti dirò perché" di Michel Odoul Rivista Scienza Conoscenza N. 75 gennaio – marzo 2021

Dispensa AINAO "L'idroterapia da Kneipp a Laezaeta e Costacurta" Workshop di Franco Sammaciccia

Siti web: https://camminanelsole.com/lacqua-informata-alla-base-di-ogni-guarigione/

https://www.gruppomacro.com/blog/nuove-scienze/blue-mind-silvia-dell-orco-ci-parla-del-legame-tra- psicologia-e-acqua

https://www.ilgiardinodeilibri.it/libri/ blue-mind-mente-e-acqua-wallace-nichols-libro.php

https://www.facebook.com/KneippSebastian

https://www.emilianotoso.com/

Scatti personali di Valentina Minauro

AROMATERAPIA: RESPIRI DI BENESSERE

A cura di Leusciatti Monica

Consapevoli di quanto importante sia la nostra salute e di come la Natura sia più potente di quanto l'uomo arriverà mai ad essere, deve essere altrettanto forte la consapevolezza che noi siamo parte di quella Natura. Il nostro organismo è un insieme meravigliosamente unito e collaborante che interagisce continuamente con l'ambiente dentro e fuori di sé. Nella prima fase dei nostri incontri con batteri, virus e altri agenti, possiamo farci trovare pronti ovvero fagli trovare un organismo sano, con un sistema immunitario forte e operativo, pronto a far fronte alla maggior parte degli attacchi esterni.

L'Aromaterapia può esserci d'aiuto, poiché sfrutta le caratteristiche antibatteriche, antivirali o antifungine degli oli essenziali che le piante producono proprio come sistema di difesa da patogeni e parassiti in genere.

Inoltre gli stimoli odorosi attivati dagli oli essenziali promuovono nel sistema limbico la produzione di sostanze neurochimiche (come la serotonina, le endorfine) che possono agire come sedative del dolore, rilassanti e nel contempo stimolare un senso di benessere.

Gli oli essenziali hanno numerose proprietà e la loro efficacia si manifesta su tre piani: il piano fisico, quello mentale/emotivo e quello spirituale. Sul piano fisico i principi attivi presenti negli oli essenziali lavorano per supportare la risposta di difesa e riequilibrio del nostro organismo. Il piano mentale/emotivo viene attivato dalla stimolazione olfattiva e dal superamento, da parte delle strutture terpeniche che costituiscono gli oli essenziali, della barriera emato-encefalica. Attraverso queste due vie (modulazione limbica e corticale), gli OE sono quindi in grado di modulare le attività nervose del corpo umano, sia in termini di sistema nervoso centrale, che di sistema neurovegetativo periferico.

Il piano spirituale sfrutta le proprietà energetiche/vibrazionali degli oli essenziali permettendo alla persona di accedere ad un percorso di scoperta dentro sé stessi.

Possiamo dunque affermare che l'Aromaterapia è una disciplina davvero Olistica, che considera l'uomo nel suo complesso, come corpo-mente-spirito.

Tutte le tecniche legate all'Aromaterapia si distinguono per l'estrema dolcezza: a livello emotivo e spirituale, gli oli essenziali non ci mostrano nulla che non sia già parte del nostro essere.

Gli oli essenziali hanno molteplici modalità di utilizzo che possono essere riassunte in tre grandi gruppi:

- diffusione ambientale o inalazione (effetto sistemico)

- uso topico (effetto topico o localizzato)
- uso interno (effetto sistemico)

Qualsiasi metodo comporta un complesso sistema di reazioni che di fatto comprende tutte le categorie. Quella che verrà approfondita è la diffusione ambientale: anche questa tecnica, in modo diverso e più indiretto, entra in contatto con pelle e polmoni e da qui a tutto l'organismo, per cui è bene valutare la qualità e la purezza degli oli essenziali utilizzati secondo le indicazioni riportate in Ph. Eur. XI ed.

OLI ESSENIZIALI

Gli oli essenziali sono sostanze dalla composizione molto complessa. Le proprietà chimiche sono dovute alla presenza di oligoelementi e principi attivi (alcoli, aldeidi, esteri, fenoli, ecc). Le essenze possono essere distinte, in base alla loro composizione, in tre categorie: ossigenate, solforate e idrocarburate. Queste ultime, ricche di terpeni, sono le più numerose. La composizione naturalmente complessa degli oli essenziali fa sì che l'essenza "totale" risulti molto più attiva del suo costituente principale grazie all'azione sinergica dei vari costituenti.

Gli oli essenziali si possono ottenere dalle diverse parti della pianta:
- fiori (es rosa, lavanda)
- foglia (es eucalipto),
- frutto (es noce moscata),
- seme (es anice),
- buccia (es agrumi),
- corteccia/fusto (es legno di rosa),
- aghi (es pino).

Gli oli essenziali servono alla pianta per svolgere le funzioni di
- Difesa (da agenti ambientali esterni, insetti, ecc)
- Protezione (attività antibiotica, proteggono la pianta da micosi e infezioni),
- Riparazione (dei tessuti),
- Attrazione (degli insetti impollinatori).

Non esiste un solo metodo di estrazione degli oli essenziali applicabile a tutte le piante. La pratica più diffusa è la distillazione in corrente di vapore. Per gli agrumi, di cui si utilizza la buccia, l'estrazione avviene con spremitura a freddo. Più rare sono l'enfleurage (tecnica lunga e dispendiosa utilizzata per i profumi più preziosi come Gelsomino), o l'utilizzo di solventi (es alcool).

ATTIVITA' ANTIMICROBIOTICA

MECCANISMO DI AZIONE SULL'ORGANISMO E UTILIZZO PER LA SANIFICAZIONE DEGLI AMBIENTI

Le attività biologiche delle piante aromatiche attribuite agli oli essenziali e alle strutture terpeniche che li costituiscono possono essere riassunte come:

- Antiossidanti, antiradicalici, antinfiammatori;
- Aromaterapici
- Antimicrobici

La possibilità di utilizzare gli oli essenziali per la sanificazione degli ambienti in cui viviamo ha un triplice effetto:

- evita sovrainfezioni virali e batteriche
- permette al sistema immunitario di orientare la risposta verso i linfociti Th1 anziché i Th2
- sfrutta il tropismo benefico sugli apparati degli oli essenziali

Il sistema immunitario riceve continuamente innumerevoli input ai quali risponde in modo sia specifico che aspecifico, sia con reazioni acute che croniche. Tra le sue reazioni possiamo però sottolineare, sia per frequenza che per importanza, le risposte Th1 e Th2 e quella antinfiammatoria.

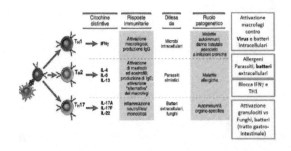

Esistono due tipi di risposta immunitaria linfocitaria: la risposta Th1 e quella Th2.

I Linfociti Th1 regolano la Risposta Immunitaria cellulo-mediata attraverso la produzione di IFN-γ (che attiva la produzione di radicali liberi da parte dei macrofagi e inibisce la risposta Th2) e di IL-12 (che stimola le cellule NK a produrre IFN-γ).

La Risposta Immunitaria Th1 è orientata in senso citotossico, nei confronti di virus e batteri

I Linfociti Th2 regolano l'immunità umorale e le risposte allergiche attraverso la produzione di IL-4 (che attiva i linfociti B e la produzione di IgE e inibisce l'IFN-γ),di IL-5 (che recluta eosinofili in presenza di parassiti), di IL-13 e di IL-10 (che è una citochina antinfiammatoria, blocca l'IL-3, l'IL-5, l'IL-12, la produzione di IFN-γ e la risposta Th1, ma è proinfiammatoria nei confronti dei processi allergici). IL-4, IL-5 e IL-13 sono quelle che contribuiscono alla protezione da parassiti extracellulari. La Risposta Th2 è orientata in senso umorale ed è attiva nella difesa da parassiti, allergeni e batteri extracellulari.

Se immaginiamo il sistema immunitario come una bilancia fatta di due "piatti", Th1 e Th2, il primo ci difende da virus e tumori, il secondo da infezioni batteriche extracellulari e parassitarie. Ma la bilancia deve stare in equilibrio.

Come si può notare infatti, l'attivazione della risposta antibatterica regolata da Th2 attraverso la produzione di IL4 e IL5, inibisce la produzione di IFN-γ che sostiene la risposta Th1 nei confronti dei virus.

Per questo motivo utilizzare gli oli essenziali nella sanificazione degli ambienti per mantenere la carica microbica ambientale bassa, permette di lasciare "a disposizione" una più efficace risposta a eventuali problematiche virali.

Per meglio comprendere l'effetto benefico sul sistema immunitario dell'utilizzo degli oli essenziali nella sanificazione degli ambienti, si riporta l'esempio dello studio condotto in una casa di riposo per anziani [ref *Gelmini et al., Complementary therapies in medicine, 25 (2016)*].

Sfruttando la divisione strutturale dell'edificio in due ali separate, ma omogenee dal punto di vista della popolazione e dei trattamenti igenico sanitari, un'ala è stata trattata con nebulizzazione nelle stanze mediante ultrasuoni di 3 gocce di una miscela di oli essenziali durante le ore notturne (7 ore), mentre nell'altra, l' ala di controllo, non è stata effettuata nessuna nebulizzazione. Lo studio si è protratto per 4 mesi con controlli ambientali periodici per la ricerca di virus, batteri e miceti negli ambienti. Oltre ad aver riscontrato un notevole abbattimento della carica batterica ambientale già dopo il primo mese di studio, è stato interessante osservare come le terapie farmacologiche stagionali dei pazienti nelle due differenti ali fossero chiaramente influenzate dall'ambiente sanificato mediante trattamento per diffusione degli oli essenziali

Group:	CTR		EO treated		D (%, EO vs CTR)	
Drug class	Ps	days	Ps	days	Ps	days
Antibiotics	20	102	6	25	-70	-76
Mucolytics	14	84	0	0	-100	-100
Bronchodilators	7	52	0	0	-100	-100
NSAIDs	3	7	2	4	-33	-43
Corticosteroids	6	34	2	10	-77	-70
Total	50	275	10	39	-80	-86

Gelmini et al., Complementary therapies in medicine, 25 (2016) 113-118

La vera arma segreta degli oli essenziali è la complessità della loro composizione. Possono infatti contenere centinaia di molecole aromatiche che, agendo in sinergia le une con le altre, permettono di contrastare simultaneamente una moltitudine di germi patogeni come batteri, virus, lieviti e funghi. Questa complessità strutturale degli oli essenziali risulta inoltre particolarmente difficile da "decodificare" per i germi e gli agenti patogeni, caratteristica che rende la loro efficacia duratura nel tempo.

La scelta degli oli essenziali da utilizzare si basa sulle proprietà specifiche di ognuno (antimicrobica, antivirale, ecc). La valutazione dell'attività antimicrobica degli oli essenziali si effettua mediante l'esecuzione dell'aromatogramma. Consiste nel seminare su una piastra le colonie di batteri isolate e metterle a contatto con i vari oli essenziali. Questi indurranno un'inibizione più o meno efficace della moltiplicazione dei germi. La scelta dell'olio o degli oli essenziali adatti allo scopo viene effettuata in base all'attività antimicrobica e/o antivirale di ogni olio essenziale.

Riportiamo di seguito due esempi di miscele da utilizzare per l'igiene ambientale e il benessere respiratorio, una per diffusione diurna e una per diffusione notturna

[rif. Dott. Fabrizio Gelmini, consulente scientifico per l'industria]

IGIENE AMBIENTALE E BENESSERE RESPIRATORIO : DIFFUSIONE NOTTURNA*

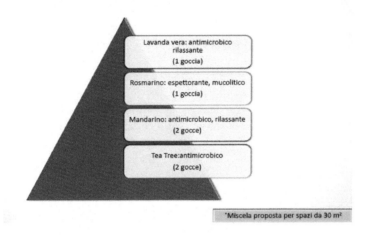

IGIENE AMBIENTALE E BENESSERE RESPIRATORIO: DIFFUSIONE DIURNA*

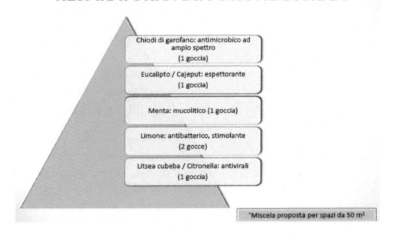

ATTIVITÀ AROMATERAPICA

UTILIZZO PER IL SUPPORTO DEL SISTEMA IMMUNITARIO CON LA RIDUZIONE DI ANSIA E STRESS

I profumi ci arrivano direttamente al cuore

La salute e l'efficienza del sistema immunitario dipendono molto dal nostro stile di vita. Una vita frenetica, un'alimentazione inadeguata, un riposo notturno disturbato, la rabbia, le preoccupazioni possono indurre nel nostro organismo una condizione stressogena mediante un'iperattivazione dell'asse Epifisi, Ipofisi e ghiandole surrenali con aumento della produzione di Adrenalina e <u>Cortisolo</u>, che hanno un potentissimo impatto sull'alterazione dell'efficienza del nostro sistema immunitario.

A partire dai lavori di Hugo Besedowsky negli anni '70, una quantità notevole di studi ha documentato l'azione immunosoppressiva del cortisolo. Negli anni '90 si è visto che la sovrapproduzione di cortisolo, conseguente all'attivazione del sistema dello stress, inibisce la risposta Th1 e colloca il sistema su un profilo Th2. In tempi recenti, è stata documentata un'azione analoga da parte delle catecolamine. È quindi assodato che i prodotti della reazione di stress hanno un effetto generalmente soppressivo della risposta immunitaria, in particolare di quella del tipo Th1, che come abbiamo descritto prima, è il circuito di risposta immunitaria che ci protegge dai virus.

Il dono degli oli essenziali è quello di agire non soltanto a livello fisico e organico, ma anche sul piano più sottile: la percezione olfattiva è in grado di modificare i nostri pensieri, gli stati d'animo e le emozioni calmandoci e riportandoci alla nostra essenza.

Quando respiriamo, le molecole che trasportano gli odori attivano dei recettori posti nella cavità nasale; questi recettori trasmettono ai nervi degli impulsi che raggiungono rapidamente i bulbi olfattivi situati nel cervello. Le informazioni vengono inviate al sistema limbico, in particolare all'amigdala (che controlla le emozioni) e all'ippocampo (la parte che gestisce la memoria). Il suo viaggio continua poi verso i centri nervosi superiori e il sistema endocrino.

Per mezzo degli oli essenziali si possono così armonizzare le funzioni del sistema endocrino che, interagendo con i vari apparati, permette al nostro stato di equilibrio psicofisico di mantenersi in perfetta sincronia. L'aspetto straordinario legato alla risposta agli stimoli olfattivi delle essenze è la *facoltà evocativa*, intesa non solo come ricordo degli stati d'animo, ma anche di stati di coscienza al di sopra della percezione consapevole.

La presenza di estese connessioni tra il sistema olfattivo e il sistema limbico spiega l'incredibile capacità delle essenze di risvegliare memorie lontane: i profumi, gli odori, sono difficili da ricordare, ma appena se ne sente uno noto si risvegliano le immagini ad esso collegato e la memoria richiama a sé un intero mondo.

I miei primi passi nel mondo dell'aromaterapia li sto muovendo utilizzando gli oli essenziali per diffusione, sia in casa che in studio. L'uso dell'aromaterapia nello studio durante il trattamento del cliente, oltre a creare un ambiente sanificato, può agire a livello mentale/emotivo riequilibrando le emozioni ed evocando piacevoli sensazioni. Può aiutare a rilassare, ridurre l'ansia e coadiuvare il trattamento per il riequilibrio energetico del cliente: una volta valutata la persona nel suo insieme è possibile scegliere l'olio o la miscela di oli essenziali adatti alle sue caratteristiche. Inoltre, essere accolti nelle sedute successive con un

profumo noto, permette di generare la memoria del momento: oltre a rendere l'ambiente famigliare, riproporre un aroma che ricorda un momento di benessere stimola nel corpo la memoria di quegli stati d'animo.

Di seguito riporto una breve scheda di alcuni oli essenziali che per caratteristiche chimiche o energetiche collaborano in maniera armonica con il nostro sistema immunitario.

Secondo la tradizione alchemica, ogni pianta possiede la propria segnatura planetaria, cioè la forza di uno o più pianeti che ne hanno plasmato la forma ed il carattere, e questa forza si riflette anche sull'olio essenziale. Accanto alle caratteristiche chimiche di ogni sostanza viene riportato anche il suo carattere, il chakra di appartenenza e il pianeta governatore, al fine di poterla abbinare adeguatamente seguendo le regole dell'analogia.

LIMONE
Citrus limonum

Carattere: YIN - ♀   ☽ - III chakra

Proprietà: olio essenziale minore, attività antimicrobica

(*Bacillus subtilis*, *Staphylococcvus aureus*, , *Streptococcus faecalis* e *haemoliticus*, *Staphylococcus epidermidis*, *Aspergillus niger* e *flavus*, *Listeria monocytogenes*), depurativo, digestivo, vermifugo, tonico del sistema nervoso e simpatico, tonico venoso

Stimolo emozionale: olio essenziale ricco di stimoli energetici, crea un'atmosfera frizzante. L'azione riequilibrante del limone si estende a tutto l'organismo: stimola la calma nei soggetti nervosi, regala energia ai soggetti apatici. Agisce sulla mente stimolando la tonicità e la forza vitale grazie ad un'azione di armonizzazione della componente razionale e emozionale.

LAVANDA
Lavandula angustifolia

Carattere: YIN - ☽ ♀ - IV chakra

Proprietà: olio essenziale minore, attività antimicrobica (*Escherichia coli, Bacillus subtilis, Salmonella thyphimurium,, Aspergillus niger, Candida albicans, Staphylococcus epidermidis, Streptococcus D, Aspergillus flavus*), analgesico, ipotensivo, sedativo, diuretico e sudorifero. Efficace nelle affezioni delle vie respiratorie, dell'apparato digerente e urogenitale. Prezioso rimedio contro emicrania e dolori mestruali.

Stimolo emozionale: ha un effetto riequilibrante, tonificante e calmante al contempo, stabilizzando l'emotività e rafforzando l'ego. La psiche, con tutte le sue debolezze e irrequietezze, ne trae beneficio riducendo ansia, insonnia e nervosismi diffusi. Aiuta a trattare le emozioni divoratrici, risolve gli squilibri emozionali. Stabilizza e armonizza i tre piani dell'esistenza.

ROSMARINO
Rosmarinus officinalis

Carattere: YANG - ☉ - VI chakra. **Proprietà**: olio essenziale minore, attività antimicrobica (*Escherichia coli, Klebsiella aerogenes, Pseudomonas aeruginosa, Bacillus subtilis, Pneumococcus spp., Staphylococcus aureus, Streptococcus faecalis, Streptococcus spp., Candida albicans, Aspergillus niger*), antireumatico, cardiotonico, digestivo, diuretico e digestivo.

Stimolo emozionale: il suo aroma forte e penetrante infonde chiarezza mentale e distacco. Nemico delle illusioni, insegna a percepire chiaramente le sfumature della vita. Stimola la memoria e la concentrazione. E' nota fin dall'antichità la sua virtù protettiva in grado di fortificare l'aura umana.

EUCALIPTO
Eucalyptus globulus

Carattere: YIN - ♄ ♃ - V chakra

Proprietà: olio essenziale minore, attività antimicrobica (*Bacillus subtilis, Listeria monocytogenes, Staphylococcus aureus, Candida albicans, Aspergillus fumigatus, Eucalipto Salmonella typhi, Botritis cinerea)*, analgesico, balsamico, espettorante, cicatrizzante, decongestionante, antireumatico. Ottimo rimedio in caso di infezione delle alte vie aeree.

Stimolo emozionale: la caratteristica rinfrescante stimola lucidità. E' un ottimo motivante per persone pigre e svogliate: infonde forza e coraggio, apre ciò che è bloccato e statico. Libera il petto dalle emozioni trattenute (tristezza non espressa, oppressione). A livello spirituale è utile per purificare i luoghi che sono stati teatro di conflitti.

TIMO
Thymus vulgaris

Carattere: YANG - ♂ - I chakra

Proprietà: olio essenziale maggiore, attività antimicrobica (*Enterobacter aerogenes, E. coli, Klebsiella pneumoniae, Proteus vulgaris, Pseudomonas aeruginosa, Salmonella spp., Bacillus spp., S. aureus, Streptococcus faecalis, Aspergillus niger)*, stimolante generale, tonico, balsamico, espettorante. E' uno dei rimedi più potenti contro le infezioni batteriche delle vie urinarie, del sistema respiratorio e dell'intestino.

Stimolo emozionale: il suo aroma possiede la marcata proprietà di stimolare l'intelletto e ravvivare la mente. E' utile nei momenti di eccessiva stanchezza e stress, migliora l'umore, rinvigorisce lo spirito e dona supporto in caso di apatia o paura. La Scuola Salernitana, in accordo con la tradizione greca, ne esaltava le doti antidepressive.

YALANG YALANG
Cananga odorata

Carattere: YIN - ♀ - II chakra

Proprietà: riduttore dell'iperapnea e della tachicardia, sedativo del sistema nervoso, ipotensivo, antispasmodico, riequilibrante degli ormoni femminili, antisettico.

Stimolo emozionale: considerato il "fiore dei fiori" per la sua delicatezza e dolcezza, è particolarmente indicato per coloro che tendono a somatizzare ansie e preoccupazioni sul cuore. Il suo aroma dolce e suadente, dalle indiscutibili proprietà afrodisiache, scioglie tensioni sia fisiche che emotive, creando atmosfere favorevoli al contatto e alla comunicazione.

INCENSO
Boswellia sacra

Carattere: YANG - ☉ - ♄ VII chakra

Proprietà: antisettico generale, antireumatico, astringente, cicatrizzante, espettorante, immunostimolante e immunomodulante, calmante e riequilibrante del sistema nervoso, antidepressivo, utile contro l'asma grazie alla sua capacità di rendere il respiro più lento e profondo.

Stimolo emozionale: l'incenso è l'essenza regina per coloro che ricercano il percorso della propria anima. Porta silenzio, calma e pace interiore: aiuta a rilassarsi e ascoltarsi, creando l'ambiente ideale per l'attività meditativa. Agisce contro depressione, stati d'ansia, angoscia. La sua capacità di stimolo sulla respirazione predispone a trovare una situazione di calma capace di avvicinarci al divino.

La mia esperienza

È proprio durante l'aggiornamento tecnici AINAO del 2020 con la lezione tenuta da Fabrizio Gelmini che entro nel meraviglioso mondo degli oli essenziali. E subito mi affascinano e mi attraggono. Forse perchè alimentano la base scientifica che ha caratterizzato i miei studi passati, mi emozionano e mi stuzzicano la mente con le loro stimolazioni olfattive e mi portano via con le loro vibrazioni energetiche.

Forse perché mi affascina il loro agire discreto.

Ho iniziato ad utilizzarli nel diffusore prima in casa mia, a scopo antibatterico, per mantenere l'ambiente sano. Poi è stato bello donarli e condividerne la "scoperta" spiegando le loro proprietà. Mi sono appassionata anche alle loro fragranze: piacevole tornare dopo il lavoro e respirare l'accoglienza appena si entra in casa. Bello vedere il viso degli ospiti distendersi dopo pochi respiri profumati. Ora li utilizzo anche in studio, in modo sempre più consapevole e olistico, scegliendo le essenze più adatte al cliente e miscelandoli con gli oli da massaggio per veicolare l'azione e l'intenzione. Ho ancora tanto da scoprire di queste minuscole "molecoline" che avvolgono corpo, mente e spirito

RINGRAZIAMENTI

Un Grazie particolare a Fabrizio Gelmini per avermi fatto conoscere il meraviglioso mondo degli oli essenziali e per il supporto nella stesura di questo breve scritto.

E ovviamente Grazie a Stefania e Giuseppe, per avermi mostrato la via della Naturopatia e per continuare ad essere preziose guide nel viaggio.

Bibliografia

- *Gli oli essenziali e la sanificazione ambientale - Dott. Fabrizio Gelmini, AINAO 2020*
- *Aromaterapia - Jean Valnet*
- *Aromaterapia, un aiuto per l'inverno - Stefania Sartoris*
- *Risposta Immunitaria Th1, Th2 e Th17 - Lucia Gasparini*
- *Natrixlab - virus-influenzali-sistema-immunitario*
- *Esplorare l'Ayurveda attraverso l'aromaterapia - Barbara Fregnan*
- *Aromaterapia - Fiorella Conti*
- *La teoria delle Signature - Barbara Pozzi*

Foto

Monica Leusciatti

RAFFORZIAMOCI CON LA NATURA!

IL QI GONG E LA TERZA ETA'

A cura di Palermo Rachele

STORIA DEL QI GONG

Il Qi Gong, dove Qi sta per energia e Gong per lavoro, è una ginnastica energetica dolce che ha origine in Cina e il suo termine venne coniato durante la dinastia Qing (1644-1911). Il primo riferimento di questa pratica risale al sesto secolo a.C. con l'iscrizione su dodici pezzi di giada denominati "Daoyin" contenenti consigli su come prendere respiro e farlo scendere nel basso addome. Intorno al 58 d.C. il Qi Gong si integrò con il buddismo divenendo così necessario per la preparazione religiosa al fine di conseguire lo stato di buddità.

Durante la dinastia Lang (502-557 a.C.), un monaco buddista di nome Bodhidharma si rifugiò in un tempio Shaolin dove insegnò ai monaci come migliorare la loro salute e come rafforzare il sistema immunitario e sanguigno; inoltre scrisse "Trattato sul movimento dei muscoli e dei tendini" e "Trattato sul lavaggio del midollo". In seguito i preti integrarono ciò a un Qi Gong marziale dove idearono cinque stili di combattimento imitando il comportamento degli animali: tigre, leopardo, serpente, gru e drago.

I due più importanti antichi saggi taoisti furono Lao Zi e Zhuang Zi che tramandarono esperienze molto ricche per assicurarsi una buona salute. Il primo scrisse il testo "Tao Te Ching" che descrive il principio che regola cielo, terra e uomo esortandoci a concentrarci sulla nostra energia interna acquisendo fluidità. Il secondo saggio taoista si concentra sul concetto di respiro dove per lui il respiro di un uomo arriva fino ai talloni, quello di un uomo normale si ferma alla gola.

Nell'età moderna il Qi Gong si estese in tutta la popolazione cinese integrandosi alle arti marziali. Qui di sotto l'ideogramma cinese del Qi Gong.

PRINCIPI BASE DEL QI GONG

Il Qi Gong è un insieme di esercizi svolti in modo dolce combinati con tecniche di respirazione e meditazione e viene diviso in due categorie: Qi Gong attivo, detto *dong gong,* e Qi Gong passivo, detto *jing gong*. Il primo viene svolto tramite movimenti visibili. Nel Qi Gong passivo il corpo è completamente immobile; in questo caso l'energia, ovvero il qi, è controllato dalla mente, dalla visualizzazione e da tecniche di respirazione.

Esso si basa su tre principi per migliorare il proprio benessere psico-fisico:

-*TIAO SHEN*, ovvero il controllo del corpo. Secondo questo principio il Qi Gong migliora la concentrazione, l'equilibrio e facilita il rilassamento;

-*TIAO XI*, controllo del respiro, praticando gli esercizi con costanza la respirazione inizia a diventare naturale dirigendosi all'addome;

-*TIAO XIN*, controllo della mente, ovvero si avrà un senso di leggerezza e maggior rilassamento.

Il rilassamento è vivo e attivo. Durante la pratica degli esercizi le articolazioni non devono presentare tensioni, ma devono essere libere e morbide così facendo si avrà un miglior scorrimento dell'energia. Il rilassamento attivo è quello che viene definito *fangsongong* che può essere considerato una pratica del Qi Gong a sé stante che sviluppa calma, concentrazione, delicatezza, sensibilità oltre a un maggior radicamento al terreno. Questa pratica prevede che si sia attenti e aperti verso se stessi e verso il mondo esterno. Esso è un processo che rende l'uomo più sensibile a tutto ciò che accade dentro di lui e fuori di lui. La sensibilità entra in azione grazie al rilassamento che porta anche una respirazione più profonda ed efficiente così facendo si avrà una maggiore ossigenazione del sangue stimolando la vasodilatazione e abbassando la pressione; inoltre esso normalizza l'acidità del sangue. Le conseguenze di ciò si fanno sentire all'estremità nel corpo, nelle mani e nei piedi che spesso durante e dopo gli esercizi sono piacevolmente caldi. Ogni parte del corpo ha la sua importanza nella pratica. La testa per i taoisti è la sede degli "dei interiori" per questo non bisogna mantenere il collo rigido perché si perde il contatto con la mente intuitiva; e ciò porterà a livello fisico un lento afflusso di sangue con conseguenza emicranie, affaticamento degli occhi e a stati di confusione. Praticando Qi Gong la testa dovrà essere allineata al collo, non spingendo il mento verso il petto, la lingua dovrà toccare il palato con le labbra che si toccano in modo naturale questo per due motivi: facilita la produzione di saliva e in questo punto si incontrano due meridiani, quello yang termina sul palato mentre quello yin che comincia sulla punta della lingua. Gli occhi dovranno fissare l'orizzonte. La colonna vertebrale dovrebbe essere eretta, ma non rigida.

Nel Qi Gong si dice "dove arriva il pensiero arriva il qi" con ciò si intende il pensiero focalizzato, ovvero la volontà; per questo motivo durante la pratica bisogna prestare attenzione. La respirazione deve scendere nel basso addome, definito *dan tian*, in questo modo aumenta la stabilità e l'equilibrio e facilita una respirazione corretta.

BENEFICI SUL SISTEMA IMMUNITARIO E FORMA DEL "PA TUAN CHI"

Da diversi studi scientifici si è potuto vedere come la costante pratica del Qi Gong porta beneficio al sistema immunitario focalizzandosi su quelli che sono i campi elettromagnetici del corpo che viaggiano attraverso il sistema nervoso. Si è potuto notare che ogni cambiamento che avviene nel nostro corpo è un cambiamento anche di natura elettrica.

Il DEHA, ormone steroideo prodotto dalla secrezione delle ghiandole surrenali, serve per sintetizzare gli ormoni sessuali; il suo picco lo abbiamo intorno ai 25 anni e diminuisce a mano a mano con l'età e i suoi bassi livelli sono stati messi in relazione con i tumori, il diabete, l'obesità, allergie, disturbi cardiaci e la maggior parte delle malattie autoimmuni. Nei praticanti di Qi Gong si è potuto notare come questo decrescimento rallenti e di conseguenza rallentano i sintomi dell'invecchiamento con grazie l'aumento della produzione di SOD, enzima che protegge le cellule da un radicale libero.

Nelle malattie autoimmuni troviamo un'anomala reazione infiammatoria dell'organismo. La prima ondata infiammatoria è ad opera di sostanze già largamente disponibili all'interno del nostro organismo: istamina, serotonina, bradichinina e fattore attivante delle piastrine. Quest'ultimo stimola le cellule immunitarie a produrre mediatori dell'infiammazione, i leucotrieri, innescando così un circolo vizioso. La pratica di Qi Gong regola il rilascio delle citochine infiammatorie e rinforza l'azione dell'immunoglobuline attivando processi di auto-rinnovamento dei tessuti.

Una forma che può essere praticata per rinforzare il sistema immunitario è il *Pa Tuan Chi*, letteralmente significa "otto pezzi di broccato". Fu descritta per la prima volta in un testo taoista dell'ottavo secolo. Si dice che Chong, generale dell'esercito durante la dinastia Han, si rifugiò nelle montagne per scappare all'ira dell'imperatore e qui incontrò un taoista li fece vedere svariati metodi per mantenere il più a lungo la longevità e uno di questo fu proprio il Pa Tuan Chi. Egli decise prima di morire di incidere gli esercizi sui muri di grotta.

∞

I movimenti sono otto ripetuti ciascuno otto volte, di seguito troviamo la forma moderna:

1) Le due mani verso il cielo: coinvolge il meridiano del triplice riscaldatore e aiuta a distendere dolcemente tutto il corpo, rinforzando il diaframma e permettendo all'energia di scorrere dai piedi alle mani.

2) L'arciere: coinvolge i meridiani del polmone e del grosso intestino, rinforza i polmoni e migliora la respirazione.

3) Sollevare le braccia: coinvolge i meridiani di stomaco e milza, permette l'allungamento della muscolatura delle braccia e chiude il costato comprimendo i due organi e massaggiandoli delicatamente.

4) Guardare dietro per togliere stanchezza e stress: questo esercizio aiuta a migliorare la vista, la postura e l'allineamento della colonna vertebrale.

5) Far oscillare la coda: aiuta ad equilibrare il cuore e il sistema nervoso togliendo il "fuoco" dentro di noi causato da un eccesso di stress e preoccupazioni. Coinvolge il meridiano del cuore.

6) Piegarsi per dissipare i malanni: questo esercizio aiuta la distensione del torace rinvigorendo tutto il corpo.

7) Sferrare i pugni: coinvolge i meridiani di fegato e vescicola biliare ricaricando di energia tutto il corpo.

8) Toccare la punta dei piedi: coinvolge il meridiano della vescica urinaria, questo esercizio stimola i reni, le ghiandole surrenali e i polmoni oltre a rinvigorire tutto il sistema energetico del corpo.

IL QI GONG E LA DEMENZA SENILE

Ho avuto modo, negli ultimi anni, di lavorare con gli anziani affetti da demenza senile portando il Qi Gong nei Caffé Alzheimer, centri ricreativi e di aggregazione per la terza età. L'Alzheimer è una patologia neurodegenerativa a decorso cronico e progressivo; la causa più comune è la demenza con conseguenza il deterioramento cognitivo a livello irreversibile compromettendo memoria, ragionamento e linguaggio e a livello psicologico porta depressione, disturbi del sonno e comportamentali. A livello fisico si nota da subito la presenza di rigidità soprattutto alle spalle e alle articolazioni. I movimenti del Qi Gong sono stati eseguiti per la maggior parte delle volte da seduti riadattandoli in base alla fisicità di ognuno. Nei primi mesi di pratica ricevetti dei feedback dai loro parenti: alcuni degli anziani iniziarono a dormire meglio e altri si sentivano in forma a livello fisico; io, invece, notai come spesso a fine lezione cambiavano umore esprimendo allegria e/o tranquillità.

LA MIA ESPERIENZA PERSONALE

Conobbi il Qi Gong nel 2018, l'anno precedente mi fu diagnosticata l'endometriosi, una patologia autoimmune a livello ginecologico che comporta l'instaurarsi di cellule endometriali dell'utero al di fuori di esso provocando forte dolore, spesso con l'andare del tempo diventa cronico e persistente, e infiammazione cronica a livello pelvico. I dolori che mi causava erano insopportabili e spesso dovevo ricorrere ad assumere enormi quantità di antinfiammatori. Iniziai a seguire un percorso medico affiancato dalla naturopatia orientale. Iniziai così anche a praticare il Qi Gong. Nei primi mesi di pratica vidi dei miglioramenti a livello fisico, precisamente della pelvi: i dolori così lancianti diminuivano mano a mano che proseguivo con la pratica. Diversi studi hanno riportato quanto questa patologia non colpisca solo a livello fisico, ma anche a livello psicologico con disturbi d'ansia e depressione. Soffrivo molto di ciò e praticando Qi Gong mi sono accorta che alcuni esercizi, soprattutto quelli che aiutavano ad avere una respirazione rilassata, mi favorirono ad alleviare le crisi d'ansia. Nel gennaio 2022 risultai positiva al Covid-19 e dopo i giorni di febbre iniziai a praticare qualche esercizio di Qi Gong, oltre per favorire una respirazione rilassata in modo tale da non avere il fiato corto costante, soprattutto per mantenere i muscoli della cassa toracica flessibili perché la tosse e il dolore mi comportava ad averli sempre contratti. Dopo i benefici iniziali, continuai a praticare Qi Gong e ad appassionarmi alla disciplina che per me è diventata parte integrante della mia vita per il benessere a 360 gradi non solo mio, ma anche per le persone a cui l'ho insegnato e lo insegno.

Ringrazio i miei maestri Stefania Gamberoni e Giuseppe Pavani per avermi trasmesso passione e insegnamenti.

Bibliografia:

"L'arte e la scienza del Qi Gong" di Kenneth S. Cohen

Immagini

free copyrigh,
fotografie personali di Palermo Rachele.

INFORMAZIONI SULL'AUTORE

I Tecnici AINAO che hanno collaborato a costruire questo testo

- Barichella Lara
- Carillo Linda
- Foresti Omar
- Galli Samuel
- Machalska-Isacchi Ewa
- Manara Francesca
- Minauro Valentina
- Leusciatti Monica
- Palermo Rachele

si possono trovare con il loro riferimenti e contatti sul Registro Tecnico AINAO:

www.accademiainao.it/registro-tecnici-ainao-dbn-discipline-bio-naturali

NOTA IMPORTANTE:

Il presente testo ha unicamente uno scopo informativo e non si intende sostituire in alcun modo alla formulazione di una diagnosi e di una prescrizione medica di un trattamento.
Si raccomanda di chiedere sempre il parere del proprio medico curante e/o di specialisti riguardo qualsiasi indicazione riportata.

Printed in Great Britain
by Amazon

33024192R00079